SV

Gabriel Jackson
Annäherung an Spanien
(1898-1975)

Aus dem Englischen von Hildegard Janssen
und Hartmut Bernauer

Suhrkamp

Erste Auflage 1982

Druck: Georg Wagner, Nördlingen
Printed in Germany

Annäherung an Spanien

1898-1975

Vorwort

Mit der vorliegenden Arbeit versuche ich die Synthese und Interpretation eines dreiviertel Jahrhunderts spanischer Geschichte. Ein solches Werk setzt das unbarmherzige Aussondern bei der Auswahl der Fakten, über die man berichten will, und der Personen, Parteien und Institutionen, die erwähnt werden sollen, voraus.

Was in den einzelnen Kapiteln sichtbar wird, ist daher nur die Spitze eines Eisbergs; denn der Text beliefe sich auf Tausende von Seiten, wollte der Autor all seine Überlegungen, die Kriterien für die Auswahl, die Beurteilung der Verläßlichkeit von Quellen, der Glaubwürdigkeit von Statistiken oder menschlichen Motiven, Einsicht oder Blindheit bzw. den Selbstbetrug der leidenschaftlichen Akteure mit berücksichtigen. Er kann dem Leser jedoch die Kriterien seiner Arbeitsweise und das allgemeine Konzept zur Anlage des Buches offenlegen. Ich persönlich glaube, daß ökonomische Dinge die wichtigsten sind, wenn es darum geht, die Entwicklung einer ganzen Gesellschaft vor dem Hintergrund des Denkens und Handelns einzelner Individuen oder Klassen zu verstehen. Gemessen an den verfügbaren Quellen ist die spanische Geschichte reich an Memoiren, Sammlungen politischer Dokumente, Analysen von Konstitutionen, Gesetzessystemen, religiösen und politischen Institutionen. Aber erst seit 1960, in der Folge der Pionierarbeit von Männern wie Juan Díaz del Moral und Jaume Vicens Vives und durch die spätere Anwendung der Methoden der französischen *Annales*-Schule entstanden eine Reihe ernst zu nehmender Untersuchungen über die Wirtschaft im weiteren Sinne, die sich

mit der Organisation der Arbeit, Methoden der Kapitalisierung, dem Gebrauch der Technologie, den Prozessen der Lohnkonflikte und deren Schlichtung sowie Besteuerungssystemen (und dem Fehlen derselben) befassen.
Das relativ dürftige Material auf eben dem Gebiet, das mir das wichtigste scheint, ist der Hauptgrund dafür, daß ich im Titel den Begriff »Annäherung« gebrauche. Ich hoffe zwar, daß ich bei vorsichtigem Gebrauch der verfügbaren ökonomischen Materialien genau war im Hinblick auf Trends, Proportionen, Entwicklungsrichtungen, bin mir aber der Tatsache schmerzlich bewußt, wie begrenzt die Quellen der ökonomischen Information sowohl im Hinblick auf ihre Qualität als auch auf ihre Verläßlichkeit sind.
Eine wichtige Grundlage für die Entscheidung, was in das Buch aufzunehmen, was auszulassen sei, war meine eigene Beurteilung der Fakten, die für das Verständnis der spanischen Geschichte in diesem Jahrhundert von besonderem Interesse waren: die Entwicklung des Bankwesens und des Industrie-Kapitalismus; die (infolge des Marokko-Krieges) außergewöhnliche Bedeutung des Militärs; die besonderen Ansprüche der Kirche in moralischen und pädagogischen Fragen; die Kampfbereitschaft der Arbeiterklassen im landwirtschaftlichen und industriellen Bereich; der Reichtum (und die Konfliktgeladenheit) einer politischen Kultur, die alle Schattierungen eines monarchistischen »Traditionalismus« mit einschließt, »Regeneracionismo«, sozialen Katholizismus, jakobinischen Republikanismus, Marxismus, Faschismus und Anarchismus. Gleichzeitig wird der Leser bemerken, daß ich auf den Begriff »Franquismus« verzichte, da ein »ismus« meiner Meinung nach ein Doktrinengebäude darstellt, das nicht von einem einzelnen

beherrscht wird (obwohl z. B. der Marxismus nach seinem Begründer genannt wird), und die Diktatur General Francos völlig eklektisch, persönlich und opportunistisch war, ohne irgendeine Doktrin, die den »ismus« von der Person unterscheidet.

Während des Schreibens hatte ich auch eine allgemeine Analogie im Hinterkopf, die ich zwar den spanischen Verhältnissen keineswegs als Modell aufzwingen möchte, doch handelte es sich dabei um eine Analogie, deren der Leser sich sicherlich bewußt werden möchte. Das England des 17. Jahrhunderts – zwischen dem Tod Elisabeth I. im Jahre 1603 und der »Glorreichen Revolution« im Jahre 1688 – erlebte die schnelle Entwicklung des Handelskapitalismus, Konflikte zwischen Landeigentümer und Kaufmann, des Bewußtseins und der Kampfbereitschaft der Arbeiterklasse (die unter dem Deckmantel religiöser Konzepte lediglich praktische soziale Konflikte widerspiegelten), einen Bürgerkrieg mit einander widerstrebenden Ideologien, blutige Säuberungsaktionen und eine eiserne Diktatur (Cromwells), in der die bewußten Absichten des Diktators und die zugrundeliegende gesellschaftliche Entwicklung sehr stark voneinander abwichen, eine mächtige literarische und wissenschaftliche Kultur, die sich trotz häufiger Anwendung von Repression zu behaupten wußte; eine zynische, aber allmählich pluralistische und weniger grausame Form des »Autoritarismus« nach dem Tode Cromwells und der Restauration unter Karl II. 1688; schließlich die »Glorreiche Revolution«, so genannt, weil sie England auf wunderbare Weise vor dem erwarteten Wiederausbruch des Bürgerkriegs bewahrte und weil sie die Tradition der religiösen und politischen Toleranz wieder einsetzte, die Tradition der bürgerlichen Herrschaft, der Fähigkeit, ideologische Konflikte ohne metaphysische Verdammung bzw. die physische Liquidation der Gegner auszutragen. Ausgehend von dieser weitgefaßten Analogie, hoffe ich, daß die Jahre 1975–77 eines Tages für die spanische Geschichte tatsächlich das sein werden, was 1688 für die englische Geschichte war.

Eine Bemerkung zu den Anmerkungen: Auch sie sind nur die Spitze des Eisbergs. Hätte ich alle Quellen angeführt, wären die Anmerkungen bei weitem umfangreicher als der Text selbst geworden. Ich habe in die Anmerkungen keine Fakten, Auffassungen und Interpretationen aufgenommen, die in unzähligen Veröffentlichungen zu finden sind. Ich habe die Anmerkungen vielmehr für besonders wertvolle und einzigartige Informationen »reserviert«, für eindeutig kontroverse Meinungen und Interpretationen, die in denjenigen Kapiteln, auf die sie sich beziehen, direkt abgehandelt werden.

Danken möchte ich vor allem Juan Ma. Gómez Ortiz und Gabriel Cardona Escanero für die Erlaubnis, ihre bislang unveröffentlichten Bücher verwenden zu dürfen; ersteres eine sozio-politische Untersuchung der Franco-Ära, das zweite eine detaillierte Analyse des Militärs in politischem Zusammenhang. Ferner möchte ich auf die Freistellung und finanzielle Unterstützung durch die University of California in San Diego hinweisen, die zum Entstehen dieses Buches nicht unwesentlich beigetragen haben.

Barcelona, im April 1980

Kapitel I

Der Beginn des Jahrhunderts

(1898-1914)

Die Bevölkerungszahl in der Restaurationsmonarchie betrug 1898 annähernd 18 Millionen. Drei Viertel der arbeitenden Bevölkerung waren in der Landwirtschaft, im Bergbau und als Fischer tätig. Spanien exportierte Zitrusfrüchte, Mandeln, Oliven, Weine, Kork. Fisch von der Nordküste wurde regelmäßig per Bahn nach Madrid geliefert. Weizen wurde ganz unökonomisch, hinter Zollschranken, angebaut, allerdings nicht in ausreichender Menge, um die Nation ohne zusätzliche Importe ernähren zu können. Kohle, Eisen, Blei, Kupfer und Quecksilber baute man in beträchtlicher Menge ab. Für die ertragreicheren Minen war ausländisches Kapital wichtig, und die Rio Tinto Kupfer-Minen hatte man 1873 sogar vollständig an eine englische Firma verkauft. Um 1898 wurden auch die bedeutendsten Anfänge auf dem Gebiet der Manufakturen gemacht: Textilfabriken und – in kleinerem Umfang – Metall-, Leder-, Holz- und Keramik-Industrie in Katalonien und entlang der Levantinischen Küste; Stahlindustrie und Schiffsbau im Baskenland und in Asturien; Seifenherstellung und Kunsthandwerk in vielen Provinzhauptstädten. Der interne Markt wurde von einem niedrigen Pro-Kopf-Einkommen beschränkt, unzureichenden Verkehrsbedingungen und einer geringen Bevölkerungsdichte. Qualitativ konnten weder die Textilien noch Stahl und Schiffe dem Wettbewerb auf dem internationalen Markt standhalten, und im letzten Jahr vor dem spanisch-amerikanischen Krieg gingen 60% aller katalanischen Importe nach Kuba.[1]

1895 war die spanische Regierung entschlossen, an ihren letzten Übersee-Kolonien festzuhalten: Kuba, Puerto Rico und den Philippinen. Die meisten ertragreichen Ländereien, Handel und Kleinindustrie befanden sich im Besitz von Spaniern. Für die Streitkräfte waren die Kolonien sowohl aus Prestige-Gründen wichtig als auch deshalb, weil sie ihnen Karriere-Posten boten. Aber Spanien hatte weder die ökonomische noch die militärische Macht, diese Kolonien zu halten. Amerikanisches Kapital war inzwischen in allen drei Gebieten wichtig geworden. Guerilla-Bewegungen machten alle spanischen Versuche der »Befriedung« zunichte.

Ein Expeditionsheer von 200 000 Mann, das 1895 nach Kuba entsandt worden war, war Ende 1897 auf ganze 53 000 reduziert. General Valeriano Weylers Politik, die kubanischen Bauern in Camps direkt unter militärischer Aufsicht zu konzentrieren, hatte internationale Proteste hervorgerufen, ohne ihre lokalpolitischen Ziele erreichen zu können. 1898 war Premierminister Sagasta dazu bereit, faktisch allen Forderungen der Vereinigten Staaten entgegenzukommen, doch Präsident McKinley war entschlossen, seinen »splendid little war« (so Außenminister John Hay) zu führen. Die spanische Armee wurde gedemütigt, die Flotte buchstäblich vernichtet, und Spanien verlor die Überbleibsel seines einst unermeßlichen lateinamerikanischen und pazifischen Imperiums.

Der Verlust des Weltreichs hatte eine ungeheuere psychologische Wirkung auf die Intellektuellen und das Militär. Erstere engagierten sich in pessimistischer Seelenerforschung über die angebliche Unfähigkeit ihrer Landsleute, sich den Mächten des Kapitalismus und der Naturwissenschaften anzupassen. Letzteres bestand darauf, daß Spanien aktiv an der militärischen Eroberung Marokkos teilnehmen solle, ein Vorgang, an dem Frankreich bereits aktiv beteiligt war. In Wirklichkeit erholten sich das spanische Wirtschaftsleben und die öffentliche Meinung in Spanien schnell von diesem Krieg. Schon 1900 fanden katalanische Textilien in Kuba wieder guten Absatz. Zurückfließendes Kapital diente dem Aufbau der Zuckerrüben-Industrie, um die verlorenen kubanischen Zuckerrohr-Felder zu ersetzen. Stahl-, Zement- und neue chemische Industrien entwickelten sich zwischen 1900 und 1914 rapide mit einer Wachstumsrate von ca. 6%. In einem Energie-Boom, der dieses Wachstum noch unterstützte, verdoppelten sich während derselben 14 Jahre Kohleproduktion und Kohleimporte, und man gründete eine Reihe größerer Elektrizitätsgesellschaften, die Kohle- und Wasser-Kraft ausnützten. Man unternahm bewußte Anstrengungen, die spanische Industrie zu diversifizieren, in der Absicht, Importware durch einheimische Produkte zu ersetzen. Der Zoll bot 1906 Schutz vor fremdem Wettbewerb. Das industrielle Wachstum blieb in starkem Maße abhängig von ausländischem Kapital und ausländischer Technologie, aber Spaniens kleines Corps von Ingenieuren und Naturwissenschaftlern nahm die britische, französische und deutsche Leitung bereitwillig an.

Zu Beginn des 20. Jahrhunderts waren mehr als die Hälfte der spanischen Bevölkerung Analphabeten, und der Lebensstandard lag weit unter dem Englands oder Frankreichs. Aber der Mensch lebt nicht von Statistiken allein, und das Spanien von 1900 erlebte einen außergewöhnlichen kulturellen Gärungsprozeß, der alle Gesellschaftsschichten durchdrang. In den gebildeten Schichten und der nach oben strebenden Mittelklasse hatten die Schriften Joaquín Costas, zusammen mit dem kürzlich verlorenen Krieg, eine mächtige intellektuell-politische Strömung des *Regeneracionismo* hervorgerufen: die Forderung nach allgemeiner Grundschulerziehung, nach technischen Schulen und Produktions-Kooperativen, nach Wiederaufforstungs- und Bewässerungsprojekten, nach der Verteilung brachliegender Ländereien an Bauern ohne Land, nach der Zerschlagung des Kaziken-Systems, durch welches Wahlen und Arbeitsmöglichkeiten auf dem Land von kleinen örtlichen Oligarchien beherrscht wurden, nach dem Ende imperialistischer Abenteuer in Afrika und der Konzentration von finanzieller und menschlicher Hilfe auf die innere Entwicklung des vernachlässigten Mutterlandes.

Diffuser und abstrakter, aber für die Motivation des fortschrittlichen sozialen Denkens ebenso wichtig, war die Beeinflussung durch den Krausismus des 19. Jahrhunderts. K. C. F. Krause ist einer der weniger bedeutenden idealistischen Nachfolger Immanuel Kants in der Geschichte der europäischen Philosophie. Seine Prosa war nicht sehr verständlich, und eine Auswahl seines Werkes wurde von Julián Sanz del Río, der in den 40er Jahren des letzten Jahrhunderts in den Genuß eines der ersten spanischen Stipendien für weiterführende Studien an europäischen Hochschulen gekommen war, nur schlecht ins Kastilische übertragen. Der Krausismo jedoch, wie ihn Sanz del Río lehrte, wurde in Spanien aus eben denselben Gründen wichtig wie der Kantsche Idealismus in Deutschland. In beiden Ländern suchten ethische und religiöse Denker nach Wegen, die Substanz des Christentums vor dem Untergang in einem institutionellen und dogmatischen Christentum zu retten. Ein großer Teil der gebildeten Öffentlichkeit akzeptierte die Legitimität der etablierten Kirche nicht länger, und Geologie und Archäologie untergruben als neue Wissenschaften in Windeseile die wörtliche Interpretation der Bibel. Es wäre eine dankbare Aufgabe für die Philosophie, die wesentlichen christlichen Glaubenssätze einmal unabhängig von der kirchlichen Autorität, von haarspalterischen theologischen Streitgesprächen oder unter Berufung auf den Wortlaut der Schriften oder die detaillierten Richtlinien des Konzils von Trient neu zu formulieren.

Die Leitgedanken des Krausismo waren der »harmonische Rationalismus« – der Glaube, daß das Universum letztendlich verstehbar und dem Menschen irgendwie wohlgesonnen ist – und der Panentheismus, der Glaube, daß Gott dem Universum zwar immanent ist (wie bei den Pantheisten), aber dennoch transzendent und schöpferisch bleibt und durch seine Immanenz in der bestehenden Welt nicht begrenzt ist. Um vom Metaphysischen zum Praktischen zu kommen: Krause, Sanz del Río und der wichtigste Schüler des letzteren, Francisco Giner de los Ríos (1839-1915), hatten alle großes Interesse an Recht und Erziehung. Giner definierte das Recht als einen reziproken, freiwilligen, rationalen, un-autoritären Code, der die wechselseitigen Beziehungen zwischen einzelnen Individuen bestimmt. Er kritisierte all jene Erziehungsformen, die auf bloßes Auswendiglernen, Obrigkeitshörigkeit und rein technische Inhalte Wert legten. Die Erziehung sollte die intellektuelle Neugier wecken und sowohl die geistige Freiheit als auch den ästhetischen Sinn für die Einheit mit der Natur als

Ganzem fördern. Sie sollte *Menschen* hervorbringen, und selbstredend wäre die Heranbildung von umfassend gebildeten, toleranten, selbstbewußten Menschen weit wichtiger für Beschlüsse hinsichtlich sozialer Probleme als irgendein spezifisches politisches Programm.

Mit den oben skizzierten metaphysischen und rechtlich-erzieherischen Doktrinen, die die Grundlage ihres Denkens bildeten, förderten die krausistischen Erzieher das Studium der Naturwissenschaft, die Liebe zur Natur (und das, was wir heute als »ökologisches« Umweltbewußtsein bezeichnen würden) sowie die spontane Entwicklung der Fähigkeiten jedes einzelnen Kindes. Sie konnten die Vorstellungen des 18. Jahrhunderts von naturgegebenen Rechten und der Vervollkommnungsfähigkeit des Menschen mit den Ergebnissen der exakten Wissenschaften des 19. Jahrhunderts verbinden. Der Panentheismus befreite sie von der düsteren Vorstellung von der Erbsünde, ohne sie gleich zu Atheisten abzustempeln. Sie lehnten die alleinigen religiösen und erzieherischen Ansprüche der Kirche ab, hofften aber ständig auf ein gegenseitiges respektvolles Verstehen, und die meisten von ihnen betrachteten sich als Christen. Sowohl den Geistes- als auch den Naturwissenschaften im Spanien des 20. Jahrhunderts verlieh ihr Einfluß eine großzügige und menschliche Note. Verkörpert ist dieser Einfluß in der *Institución Libre de Enseñanza*, die Giner 1876 in Madrid gründete. Viele der führenden Naturwissenschaftler, Schriftsteller und Künstler des 20. Jahrhunderts waren ebenso wie eine beträchtliche Anzahl von bedeutenden Führern der spanischen Republik Produkte der *Institución Libre* und der verschiedenen Schulen, die nach ihrem Vorbild in anderen Städten entstanden waren.[2]

Innerhalb der Arbeiterklasse bildeten Anarchismus und Marxismus die wesentlichen Grundlagen des kulturellen Gärungsprozesses. Es gab eine ganze Reihe unterschiedlicher anarchistischer Doktrinen, aber die drei Dinge, die alle gemeinsam hatten, waren die Ablehnung der zentralisierten hierarchischen Staatsordnung; Haß auf die Polizei und alle anderen zwangausübenden Kräfte, die den Staat repräsentierten; die Ablehnung politischer Parteien, der Wahlen und des Beamtentums. Damit lehnten die Anarchisten die Grundlagen des kapitalistischen Staates ab, wie er sich im späten 19. Jahrhundert in Europa entwickelte. Anstelle eines solchen Staates traten sie für die Föderation von ländlichen Kommunen auf freiwilliger Basis und von Städten und Industrie-Komplexen mit Selbstverwaltung ein. Strukturelle Einzelheiten konnten zwar vor der notwendigen Revolution noch nicht klar sein, wohl aber die Gedanken der Dezentralisierung, des Voluntarismus, des Kollektivismus und der örtlichen Autorität, letztere jedoch nur in dem Maße, in dem irgendeine Autorität noch unbedingt notwendig wäre.
Verschiedene Faktoren in der spanischen Geschichtserfahrung trugen dazu bei, diese Ideen attraktiv zu machen: das Beispiel der von Mönchen bearbeiteten Höfe und Weinberge, herkömmliche Formen des dörflichen Kollektivismus bei der Ernte, die Nutzung von Gemeindeland und -forsten; das Unterhalten von Booten, Netzen, Häfen und Lagerhäusern in den Fischerdörfern; die lebendige Erinnerung an die mittelalterlichen *cofradías* (Laienbrüderschaften) und *gremios* (Zünfte); die Dorf-Juntas der Karlistenkriege und der Kantonalismus von 1873; die Propaganda protestantischer Wanderprediger sowie die nie völlig vergessenen Doktrinen der Illuminaten und Quietisten des 16.

und 17. Jahrhunderts mit ihrer Betonung des »inneren Lichts« und der Erlösung als einer Angelegenheit der psychologischen Aufnahmefähigkeit und nicht als eines Prozesses der Reue oder der Sakramente. Es kam zu einer Überlappung von freiwilliger Emphase im anarchistischen Denken und der krausistischen Vorstellung vom Recht als einer gegenseitigen, freiwilligen Beziehung. Krausisten, Anarchisten und Marxisten teilten dieselbe optimistische Ansicht, daß die menschliche Natur grundsätzlich gut sei und in Zukunft nicht mehr von der orthodoxen christlichen Auffassung von der Erbsünde belastet werden sollte.

In der Praxis hatte der Anarchismus um die Jahrhundertwende drei Ausprägungen. Der »obrero consciente« (bewußte Arbeiter), ob Bauer, Künstler oder Fabrikarbeiter, begann, sich auf eine eventuelle kollektivistische Revolution vorzubereiten. Er las die Pamphlete von Bakunin, Kropotkin, Reclus und Malatesta. Er las Auszüge aus – bzw. Berichte über – Tolstoi, Nietzsche, Ibsen und Zola. Er besuchte Vorträge über Politik und Kultur. Er lebte stets zurückhaltend, manchmal sogar vollkommen enthaltsam, was Alkohol, Sex und Tabak anging. Geld hielt er für sündhaft, und er richtete sein Leben so ein, daß die Abhängigkeit von Geldgeschäften auf ein Mindestmaß beschränkt blieb. Er lehnte den Staat ab, glaubte aber an Treue und an die Familie und lebte lieber mit einer compañera zusammen als mit einer Ehefrau. Obwohl es verhältnismäßig wenige »obreros conscientes« gab, waren sie doch die moralischen und intellektuellen Führer des spanischen Anarchismus.[3]

Für den Großteil der Anarchisten bestanden die revolutionären Aktivitäten in Streiks, Boykotts und Kampagnen zur

Häftlingsbefreiung. Solche Aktivitäten riefen ein Gefühl der Klassenzusammengehörigkeit hervor, beschränkten die ausbeuterische Macht der Bourgeoisie, bekämpften die Unterdrückung durch die Polizei und bereiteten die Arbeiter ganz allgemein auf den eventuellen Generalstreik vor, der die Revolution einleiten sollte. Mit einer dritten anarchistischen Aktivität beschäftigten sich nur wenige: »direkte Aktion« in Form von politischen Morden. Intellektuell wurden diese Handlungen von dem Glauben untermauert, daß das Ausschalten der Schlüsselfiguren aus der Machtstruktur die Zerstörung des Unterdrücker-Staates außerordentlich erleichtern würde. Emotional wurden sie von dem Wunsch getragen, Leiden und Tod zu rächen, die die Unterdrückung durch die Regierung innerhalb der Arbeiterklasse verursacht hatte. Die Verbindung solcher Motive führte zur Ermordung dreier spanischer Premierminister: Cánovas (1897), Canalejas (1912) und Dato (1919). Die direkte Aktion kostete zahlreichen Arbeitgebern und Streikbrechern das Leben. Sie manifestierte sich gelegentlich auch in Bombenanschlägen, bei denen Menschen getötet wurden, deren einziges »Verbrechen« darin bestanden hatte, sich zu einem bestimmten Zeitpunkt zufällig in der Nähe des Explosionsherdes aufzuhalten. Die direkte Aktion erreichte genau das Gegenteil von dem, was sie wollte. Sie zerstörte die ökonomische oder politische Unterdrückung nicht, sondern verstärkte die Repression der Polizei in Form von Massenverhaftungen, Gefängnisstrafen und Foltern; sie führte zu einer fatalen Dialektik von Gewalt und Repressalien bei Arbeitern und Polizei; sie war eine Goldgrube für Spitzel und gedungene Mörder; sie verdunkelte die moralisch-politischen Ziele für die anarchistische Masse, deren Kampagnen zur Gefangenenbefreiung rücksichtslos im Namen aller geführt werden mußten, angefangen beim sich selbst aufopfernden Streikenden und Demonstranten bis hin zum Massenmörder.[4]

In den ersten Jahren des 20. Jahrhunderts überschatteten die von der »direkten Aktion« aufgeworfenen Probleme in hohem Maße die der umfassenderen moralisch-politisch-erzieherischen Zielvorstellungen des Anarchismus. Doch hatte der Anarchismus mit seiner präkapitalistischen, »kommunalen«, auf das Tausendjährige Reich gerichteten Vorstellung großen ideologischen Einfluß auf Bauern und Landarbeiter in Südspanien sowie auf die Handwerker und die neuen Industriearbeiter in Katalonien.

Ein größeres, kohärenteres Doktrinengebäude als der Anarchismus besaß der Marxismus. Für den Marxisten waren der Triumph der Bourgeoisie in der französischen Revolution und die Entwicklung des Industrie-Kapitalismus im 19. Jahrhundert notwendige Meilensteine auf dem Weg zum Sozialismus. Der Kapitalismus hatte zwar das Problem der gesellschaftlichen Produktion gelöst, wurde aber als unfähig erachtet, auch das Problem der Verteilung zu lösen. Die Kapitalisten hatten sich die Bodenschätze und den Produktionsapparat als ihr Privateigentum angeeignet. Für die gerechte Verteilung von Waren und Dienstleistungen wäre eine neuerliche Revolution unter der Führung der Opfer der ausbeuterischen Bourgeoisie, nämlich der industriellen Arbeiterklasse, erforderlich. Unklar blieb im Marxismus, wie lange die bürgerlich-kapitalistische Phase in der Geschichte andauern würde und wie die kapitalistische Gesellschaft in eine sozialistische überführt werden könne. Die frühe Theorie, wie sie sich im *Kommunistischen Manifest* von 1847 darstellt, war ziemlich katastrophal. Die Gesellschaft wurde kurz und bündig in eine mächtige Bourgeoisie und ein immer stärker ausgebeutetes Proletariat aufgeteilt, wobei die zwischen diesen beiden liegenden Klassen von Akademikern und Handeltreibenden »proletarisiert« wurden. Marx glaubte zu jener Zeit, die Revolutionen in Frankreich und Deutschland von 1848 würden innerhalb weniger Jahre zu einer sozialistischen Revolution führen. Gegen Ende des 19. Jahrhunderts erkannten sowohl die Wortführer des Marxismus als auch die sozialistischen Parteien – selbst wenn sie es nicht aussprachen –, daß die kapitalistische Phase mindestens noch einige Jahrzehnte andauern würde. Außerdem nutzten sie aktiv diejenigen politischen Mittel, die liberale kapitalistische Regierungen ihnen anboten: Rede- und Pressefreiheit sowie Freiheit der Partei und gewerkschaftlicher Organisationen, Wahlrecht und freie Ausübung öffentlicher Ämter. Die sozialistische Partei Spaniens, 1879 von Pablo Iglesias gegründet und bis zu seiner schweren Erkrankung im Jahre 1916 von ihm geführt, vereinigte die revolutionäre Doktrin und deren stufenweise Umsetzung in die Praxis.

Zu irgendeinem unbestimmten Zeitpunkt in der Zukunft sollte das revolutionäre Proletariat die Bourgeoisie enteignen. Die Übernahme und Kontrolle der Produktionsmittel durch die Gesellschaft würden zu einer gerechten Güterverteilung führen und der Ausbeutung des Menschen durch den Menschen ein Ende setzen. Der Erfolg dieser Revolution hinge vom Grad der Erziehung, der Disziplin, dem politischen Bewußtsein, den technischen und administrativen Fähigkeiten der Industriearbeiterklasse ab. Deshalb war es das Hauptanliegen der sozialistischen Partei, ihre Mitglieder für diese zukünftigen Aufgaben zu erziehen. Die Sozialisten glaubten weder an die »direkte

Aktion« noch an den Generalstreik. Wo möglich, vermieden sie jede Konfrontation mit der Polizei. Ihre Streiks hatten eher begrenzte, konkret-ökonomische als auf ein Tausendjähriges Reich gerichtete Ziele. Sie bestanden zwar auf einer eventuellen revolutionären Veränderung, waren aber bereit, von den politischen Institutionen der bürgerlichen Gesellschaft täglich zu profitieren. Als Pablo Iglesias ins Madrider Rathaus gewählt wurde (1905–1910), waren die Bekämpfung der Korruption und das Eintreten für verbesserte städtische Dienstleistungen sein Hauptanliegen.[5] Als 1918 sechs Sozialisten in die Cortes gewählt wurden, waren sie in erster Linie damit beschäftigt, die militärischen Ausgaben in Marokko zu verringern und die Restaurationsmonarchie in eine konstitutionelle Monarchie nach englischem Vorbild umzuformen. In der Theorie lehnten sie zwar offizielle Verbindungen mit den Reformisten oder Republikanern ab, in der Praxis aber kooperierten sie häufig mit gegen die Monarchie gerichteten bürgerlichen Parteien.

Die Hochburgen der Sozialisten waren Madrid, Bilbao, Asturien und die Rio Tinto-Minen, während diejenigen der Anarchisten im Süden und Osten lagen. Aber weder der geographische Gegensatz noch (unterhalb der Führungsschicht) die doktrinären Unterschiede waren in den ersten Jahren des 20. Jahrhunderts klar umrissen. Sozialistische und anarchistische Redner debattierten auf der ganzen Halbinsel in aller Öffentlichkeit miteinander. Es gab eine große Anzahl von Pamphleten, und Flugblätter der Arbeiterklasse verbreiteten Berichte über sozialistische und anarchistische Aktivitäten in Deutschland, Frankreich und der Schweiz. Führende Intellektuelle wie Unamuno und Azorín schrieben von Zeit zu Zeit für anarchistische oder sozialistische Zeitschriften, und von den Lehren Krauses beeinflußte Universitätsprofessoren, vor allem Julián Besteiro und Fernando de los Ríos, wurden bedeutende Führer innerhalb der sozialistischen Partei. In Oviedo förderte das von den Sozialisten gegründete *Centro Obrero* während der ersten Dekade des Jahrhunderts Vorlesungen von so bekannten Professoren wie Adolfo Alvarez Buylla, Adolfo Gonzáles Posada und Rafael Altamira. Unter den Zuhörern saßen auch Melquíades Alvarez, der später die Reformisten-Partei gründen sollte, Alvaro de Albornoz, der zukünftige Führer der Republikaner, und der zukünftige sozialistische Abgeordnete Teodomiro Menéndez. Es gehörten aber auch anarchistische und sozialistische Bergarbeiter dazu, und im allgemeinen war die Arbeit des *Centro Obrero* bezeichnend für ein ungewöhnliches Maß an gegenseitigem Respekt, gegenseitiger Interaktion unter den Intellektuellen an den Universitäten, den Sozialisten und Anarchisten in Asturien.[6]

Sehr wahrscheinlich werden künftige Studien über andere Provinzhauptstädte einen ähnlichen brüderlichen Kontakt zwischen der Universitätsgemeinschaft und den Industriearbeitern zutage fördern. Auf jeden Fall ist klar, daß die spanische Arbeiterklasse trotz schlechter Schulbildung und hoher Analphabetenquote der ganzen Skala marxistischen und anarchistischen Denkens und dem krausistischen Erziehungsideal ausgesetzt waren. Und tatsächlich war die wichtigste Kommunikation verbaler Art. Angehörige der Mittelschicht und Akademiker, ausgebildete Industriearbeiter und Handwerker hatten Arbeitszeiten, die auch die müßige Kaffeehaus-Unterhaltung mit einschlossen. Die Landarbeiter schafften von Sonnenaufgang bis Sonnenuntergang, hatten aber zahlreiche »Fiesta«-Tage und lange tote Jahreszeiten, während deren die Männer sich auf dem Dorfplatz versammelten und unter anderem über Politik und soziale Themen diskutierten. Anarchistische und sozialistische Redner kamen sowohl aus der Mittel- als auch der Arbeiterklasse. Das Publikum einer Vorlesung in der »Casa del Pueblo« oder auf dem Marktplatz war ebenfalls bunt gemischt. Es ist leicht paradox, daß ausgerechnet diejenigen Männer die Unvermeidlichkeit eines Klassenkampfes predigten, die selbst oft genug das lebende Beispiel für eine erfolgreiche Verständigung über die Klassenschranken hinweg waren.

Im Spanien von 1900, das an der Schwelle zur Industrialisierung stand und sich eines reichen kulturellen Lebens erfreute, nahm die Regierung die Form einer quasi-konstitutionellen Monarchie an. Ich sage »quasi«, weil in einer wirklich konstitutionellen Monarchie, wie z. B. England, der König beinahe eine rein symbolische Rolle spielt. Die Souveränität liegt bei einem öffentlich gewählten Parlament, die Exekutive übt der Vorsitzende der Mehrheitspartei aus. Dieser Vorsitzende oder Premierminister ist immer der parlamentarischen Mehrheit verantwortlich, und der König ernennt den Premierminister nur insofern, als es seine symbolische Aufgabe ist, dieses Amt dem Vorsitzenden der Mehrheitspartei zu übertragen. Nach der spanischen Verfassung von 1876 aber hatte der König das Recht, den Premierminister ohne Rücksprache mit der Mehrheit der Cortes zu ernennen bzw. abzusetzen, und diese Mehrheit war das Ergebnis von zum Teil manipulierten Wahlen. Es stimmt, daß Alfons XII. – und noch mehr seine Witwe, die von 1886 bis 1902 Regentin war – auf Cánovas und Sagasta, die Führer der Konservativen und der Liberalen, hörte. Aber die Cortes waren nicht souverän

im Sinne des britischen Parlaments, daher mein Hinweis auf die Restaurationsmonarchie als eine quasi-konstitutionelle Monarchie.
Das System gewährte in großem Maße politische Freiheit: völlige Redefreiheit in den Cortes und ein großes Maß an Rede- und Pressefreiheit im ganzen Land. Auf diese Weise war die Regierung lebhafter öffentlicher Kritik ausgesetzt, und Veränderungen im Kabinett und in der Politik kamen eher durch in Verhandlungen erzielte Übereinstimmungen als durch autoritäre Erlasse zustande. In den Großstädten reflektierten die Wahlen auch die öffentliche Meinung, in den ländlichen Gebieten jedoch wurden sie von den örtlichen Kaziken kontrolliert, deren Verantwortung u. a. darin lag, für eine konservative oder liberale Mehrheit zu sorgen – je nachdem, wie es die Umstände (von Madrid aus gesehen) gerade erforderten. Sozialwissenschaftler haben in den letzten Jahren die Wahlergebnisse während der Restaurationsmonarchie des öfteren so dargestellt, als seien sie bis auf eine oder zwei Dezimalstellen glaubwürdig. Jeder aber, der zu jener Zeit lebte, wußte, wie konstruiert der *turno político* zwischen den beiden Parteien tatsächlich war. Die Kaziken versuchten, die äußeren Formen aufrechtzuhalten und eher paternalistische als brutale Gewalt auszuüben. Wo immer es möglich war, taten sie das mit Überredung, Gunstbeweisen, dem Beschleunigen oder Verhindern von Gerichtsverfahren und der Verbesserung der Ausbildungs- und Arbeitsbedingungen. Immer jedoch standen die Guardia Civil und, wenn nötig, auch das Militär zur Verfügung, falls Überredung allein nicht ausreichte. In den neu entstandenen Industriestädten funktionierte das System allerdings niemals. Von der Jahrhundertwende bis zum *pronunciamiento* General Primo de Riveras

im Jahre 1923 sah sich das künstliche Wahlsystem der Restauration in Madrid, Asturien und den baskischen Provinzen, dem Großraum Barcelona und Valencia, das heißt also in allen sich ausbreitenden städtischen Industriezentren, ständig wachsenden Schwierigkeiten gegenüber.

Das größte politische Problem in der ersten Dekade des Jahrhunderts bereitete die Rolle der spanischen Armee in Marokko. Obwohl die öffentliche Meinung und die Wirtschaft sich schnell vom Desaster von 1898 erholten, litt das Militär schwer unter seinem Prestige- und Funktionsverlust. Einen Verbündeten hatte es in dem jungen König Alfons, der 1902 für mündig erklärt wurde, um regieren zu können, und der von Anfang an seiner Entschlossenheit darüber Ausdruck gab, sein in der Verfassung verankertes Vorrecht als Oberhaupt der Armee in vollem Umfang auszuüben. Eine seiner ersten Amtshandlungen war die Wiedereröffnung der seit 1898 geschlossenen Militärakademien. Während seiner ganzen Regierungszeit unterstützte er die hohen Budget-Forderungen des Militärs, machte bei wichtigen Beförderungen seinen persönlichen Einfluß geltend und schlichtete sehr diskret die Zwistigkeiten zwischen einzelnen Gruppen.

Der spanische Einfall in Marokko sollte nicht nur dem kürzlich geschlagenen Militär eine neue Aufgabe geben, sondern die französische Expansion eindämmen und die Ausbeutung der Eisenminen im Rif erleichtern. Marokko war damals ein Territorium von ca. 447 000 km^2 und wurde von einem Sultan regiert, dessen Macht theoretisch absolut war, dessen tatsächliche Autorität durch die Führer miteinander verfeindeter Stämme jedoch sehr eingeschränkt wurde. Hier, wie in so vielen Gebieten Asiens und Afrikas, nutzten die europäischen Mächte im ausgehenden 19. Jahrhundert Stammesfehden aus, um ihre eigenen Macht-Ansprüche durchzusetzen. Frankreich hatte die Führung übernommen und ein »Protektorat« errichtet, und Deutschland, England und Spanien wiederum besaßen ein gemeinsames Interesse daran, die Machtansprüche der Franzosen in Grenzen zu halten. Bei den internationalen Konferenzen von 1906 und 1911 wurde Spanien zu seiner Genugtuung als imperiale Macht behandelt, und mit deutscher und englischer Unterstützung wurde ihm annähernd ein Viertel des Sultanats als Anteil am Protektorat zugeteilt. Dieses Gebiet aber mußte wirkungsvoll besetzt und befriedet werden. 1906 hatte das spanische Militär 497 Generäle (ein Ergebnis der 20-jährigen Bemühungen, Kuba und die Philippinen zu halten) und 18 000 andere Offiziere für etwa 80 000 Soldaten. Einige der verzeichneten Regimenter bestanden lediglich aus ca. 500 Mann, die Verpflegung war knapp, die Ausrüstung veraltet, viele Kasernen verseucht. Offiziersgehälter und Pensionen verschlangen die Hälfte des jährlichen militärischen Budgets.[7] Außerdem reagierten die Offiziere als besondere Kaste hypersensibel auf öffentliche Kritik und standen vor allem dem katalanischen Nationalismus feindlich gegenüber.

Am 18. November feierten die Katalanen ihren triumphalen Wahlsieg in Barcelona mit einem Bankett, bei dem auch Trinksprüche auf die eventuelle Selbstverwaltung eines blühenden und zivilgesinnten Kataloniens angebracht wurden. Die Lerrouxistische und die militärische Presse antworteten darauf mit schrecklichen Warnungen vor jeglichem Separatismus. Besonderen Anstoß nahm das Militär an einer Karikatur in der satirischen Wochenzeitschrift *Cu-cut*. An die 200 Offiziere und Unteroffiziere boten

dem Zivilgouverneur die Stirn, zerschlugen die *Cu-cut*-Pressen und machten sich anschließend daran, auch diejenigen der *Veu de Catalunya* zu zerstören.
Von allen Teilen der Halbinsel übermittelten Offiziere dem aufständischen Militär in Barcelona telegrafisch ihre Glückwünsche, der König drückte den betroffenen Offizieren seine Sympathie aus, die Cortes hoben konstitutionelle Garantien gehorsam auf, und die Regierung Montero Ríos' trat zurück. Kriegsminister der nun folgenden Regierung der Liberalen unter Moret wurde eben derselbe General Luque, der neben anderen den Druckpressen-Zerstörern telegrafisch seine Sympathie bekundet hatte. Dieser Zwischenfall zog im übrigen keinerlei disziplinarische Maßnahmen gegen diejenigen nach sich, die Gewalt verübt hatten: er führte vielmehr zu einer neunmonatigen Einstellung von *Cu-cut* und zu einer Rechtsprechung, die festlegte, daß jede abfällige Äußerung über die Armee vor Militär- und nicht vor Zivilgerichten geahndet werden solle.
In der Zwischenzeit war der Einfall Spaniens in sein neues Protektorat auf starken, wenn auch nur sporadischen Widerstand gestoßen. Im Juni 1907 zahlte der *Sindicato Español Minero* (Spanische Bergarbeitergewerkschaft) an einen örtlichen Stammesführer namens El Roghi für das Privileg, die Eisenminen der betreffenden Gegend – vorgeblich unter dessen Kontrolle – abtragen zu dürfen, hohe Subventionen. El Roghi stand mit dem Sultan auf Kriegsfuß, und im Oktober 1908 griffen Guerilleros, die dem Sultan nicht unbedingt mehr unterstellt waren als El Roghi, die zu den Minen führende Eisenbahnlinie an. El Roghi floh aus seinem Hauptquartier in Zeluan (nur um später vom Sultan gefangengenommen und hingerichtet zu

werden), und die spanische Regierung autorisierte die Garnison in Melilla, die Eisenbahnlinie und die Minenarbeiter zu schützen.[8] Am 9. Juli 1909 griffen Guerilleros Eisenbahnarbeiter an, die eine Verbindung zu den Minen von Beni-bu Ifru herstellen sollten. Dabei wurden sechs Bauarbeiter getötet. Die Regierung faßte den Entschluß, 40 000 Reservisten nach Marokko zu senden. Anti-Kriegsdemonstrationen in Barcelona gegen die Einschiffung der Soldaten führten unmittelbar zur berühmten »Tragischen Woche«, während der etwa 80 Kirchengebäude niedergebrannt und ungefähr 75 Demonstranten in Scharmützeln mit der Polizei getötet wurden. Am 27. Juli, dem Tage, an dem die meisten Kirchen niedergebrannt wurden, wurde über Barcelona das Kriegsrecht verhängt. Am selben Tag endete für die spanischen Truppen in Marokko eine Schlacht bei Barranco del Lobo mit 150 Toten und 500 Verwundeten. Am 9. Oktober wurde der anarchistische Erzieher und Politiker Francisco Ferrer wegen Anstiftung zur Brandstiftung in Kirchen vor Gericht gestellt und am 13. Oktober trotz weltweiter öffentlicher und diplomatischer Proteste hingerichtet. Der Abscheu über die Hinrichtung erzwang sogar den Rücktritt des konservativen Premierministers Antonio Maura. In der Zwischenzeit waren die Reservisten nach Marokko verschifft worden, und im November 1909 war das Gebiet um Melilla fest unter spanischer Kontrolle.

Die »Tragische Woche« war der dramatischste Vorfall in der spanischen Politik zwischen dem Krieg von 1898 und den revolutionären Streiks von 1917. Ihre Verwicklungen illustrieren den Zusammenbruch der Restaurationsmonarchie in dem Moment, in dem sie mit den Problemen des schnellen Wachstums der Städte und der Industrialisierung konfrontiert wurde. Seit den frühen 90er Jahren waren jedes Jahr Tausende von aragonischen, murcianischen und andalusischen Bauern nach Barcelona gezogen, wo sie Arbeit in der textil- und metallverarbeitenden Industrie annahmen und in überfüllten Slums lebten, oft sogar ohne die elementarsten städtischen Dienstleistungen. Die meisten dieser ehemaligen Bauern, vor allem diejenigen aus dem Süden, waren schon längst keine praktizierenden Katholiken mehr. Und in der neuen städtischen Umgebung hatten weder die Kirche noch die städtischen Autoritäten einen solch direkten Kontakt zu den Immigranten, wie ihn die Priester und Kaziken in ihren früheren Dörfern gehabt hatten. Die neuen Industriearbeiter waren von Anfang an den geläufigen anarchistischen Doktrinen der »direkten Aktion« und der Idee des »Generalstreiks« ausgesetzt gewesen, mit dem das Proletariat die kapitalistische Produktion zunächst lahmlegen und dann ihrem rechtmäßigen Besitzer, nämlich dem »Volk« – jenem Produktionsmittel, das sich die Bourgeoisie unrechtmäßig angeeignet hatte – zurückgeben würde.

Die Idee des Generalstreiks beruhte auf einer mühsam vereinfachten und ein Tausendjähriges Reich betreffenden Ansicht über den Industriekapitalismus. Seine Befürworter vertraten die Meinung, Bankiers, Unternehmer und Manager seien grundsätzlich parasitäre Ausbeuter. Der Streik würde zeigen, daß die einzig Produzierenden die Arbeiter seien. Der ganze Kontrollapparat der Bourgeoisie würde zusammenbrechen und der erfolgreiche Generalstreik automatisch zu einer kollektivistischen, sozial gerechten, auf freiwilliger Basis organisierten Gesellschaft führen.

Das größte Vertrauen brachte man der direkten Aktion und dem Generalstreik in den Jahren zwischen ca. 1890 und 1905 entgegen. Doch die Bombenanschläge hatten mehr unschuldige Zuschauer als Klassenfeinde getötet, und Generalstreiks waren auch nicht annähernd »general« genug, um das kapitalistische System lahmzulegen. Zudem waren sie von gut bewaffneten Polizisten und dem Militär, die bei jedem der verhängnisvollen Zusammenstöße einige Dutzend Tote hinterließen, unbarmherzig niedergeschlagen worden. In der ersten Dekade des Jahrhunderts hätten sich sowohl die Führer der katalanischen Regionalisten als auch die Sozialisten unter Pablo Iglesias gern die politische Führung dieser naiven, teilweise anarchistischen Ex-Bauern gesichert. Derjenige, dem es schließlich gelang, sie zu organisieren, war Alejandro Lerroux. Lerroux predigte den Republikanismus als einen politisch gangbaren Weg, die Gesellschaft zugunsten sozialer Gerechtigkeit zu verändern. Er führte nicht näher aus, was eine Republik zur Veränderung der kapitalistischen Besitzverhältnisse beitrüge, aber er und seine Leutnants mischten sich unter das Volk und sprachen in herzlichem Ton mit den immigrierten Arbeitern. Als sie städtische Ämter gewannen, nutzten sie ihren Einfluß, um bescheidene, aber sichtbare Verbesserungen in der Strom- und Wasserversorgung durchzusetzen. Ihre Rhetorik bestärkte die andalusischen Arbeiter in ihrer Würde, die von dem Gefühl der Überheblichkeit betroffen war, das sich im Verhalten der katalanischen Mittelklasse so deutlich ausdrückte. Zudem war ihre Rhetorik von einem starken Akzent von Kirchenfeindlichkeit geprägt. Sie machte die Kirche verantwortlich für die Unwissenheit und damit verbunden die Armut und Ausbeutung der Arbeiterklasse und verwies begeistert auf Frankreich, das blühende Nachbarland, dessen 3. Republik 1905 die Trennung von Kirche und Staat vollzogen hatte.[9]

Am 26. Juli, als in der ganzen Stadt der Generalstreik als Protest gegen die Verschiffung der Truppen nach Marokko begann, wollte die Madrider Regierung Antonio Maura den Streik unverzüglich niederschlagen. Der Zivilgouverneur von Barcelona, Ángel Ossorio y Gallardo, war der Ansicht, schon in den vorangegangenen Generalstreiks seien zu viele Arbeiter getötet worden, und weigerte sich, den Polizeieinsatz gegen die Streikenden zu befehlen. Die konservativen katalanischen Nationalisten bemühten sich, sowohl Lerroux als auch die Anarchisten in Verruf zu bringen, aber sie wußten auch, daß Ossorio wesentlich stärker mit dem Regionalismus sympathisierte als Maura. Lerroux selbst hielt sich in Argentinien auf, wohin er sich zeitweilig zurückgezogen hatte, um peinlichen Fragen über seine möglichen Verbindungen zu den terroristischen Aktionen zwischen 1904 und 1908 aus dem Weg zu gehen. Da innerhalb der Arbeiterschaft eine klare Führung und seitens der Autorität die feste Haltung fehlte, begannen kleine Gruppen junger Arbeiter, Kirchen niederzubrennen. Niemand aber griff militärische Anlagen, Banken und Fabriken bzw. die Häuser reicher Industrieller an. Militär und Polizei verhielten sich abwartend, und erst als die Regierung die Wiederherstellung der Ordnung in Barcelona beschloß, schoß das Militär auf die Streikenden.

Zur Zeit dieser Ereignisse hatte Barcelona ca. 582 000 Einwohner, und etwa 3800 Polizisten und Soldaten standen zur Aufrechterhaltung der öffentlichen Ordnung zur Verfügung. Irgendwo zwischen 20 000 und 30 000 soll die Anzahl derjenigen gelegen haben, die an Aufmärschen, Brandstiftungen und sporadischen gewalttätigen Auseinandersetzungen beteiligt waren. Nach Statistiken der Regierung wurden drei Priester getötet (die Gewalt der

Aufständischen richtete sich eher gegen Gebäude als gegen Menschen), verloren drei Soldaten ihr Leben, wurden 75 Demonstranten getötet. Etwa 1700 Verhaftungen wurden vorgenommen, ca. 2000 Menschen flohen zeitweilig nach Frankreich.[10] Die »Tragische Woche« und ihre Nachwirkung, die Verurteilung und Hinrichtung Ferrers, gereichten der Regierung in Madrid genauso zur Schande wie den zivilen und militärischen Autoritäten in Barcelona. Sie zeigte die Bedeutungslosigkeit der dynastischen Parteien, der konservativen wie der liberalen, zumindest was eine große Industriestadt betraf.

Für den katalanischen Regionalismus war die »Tragische Woche« insofern negativ, als die Arbeiterunruhen sich gegen die katalanischen Unternehmer richteten. Sie verband vage Vorstellungen von Republikanismus und der Wirksamkeit des Generalstreiks. Sie machte aus einem Protest gegen den Krieg eine Welle der Gewalt, die sich gegen den Klerus richtete. Ihre Hauptaktivitäten waren die Zerstörung von Kirchen und die Tötung von Streikenden. Die Marokko-Politik selbst wurde in keiner Weise berührt, und wie Joan Connelly Ullman ausführte, gab es trotz des Schockeffekts, der großen Publizität, der zahlreichen Debatten in den Cortes, Protesten usw. keine politischen Reformen.

Die »Tragische Woche« zeigt auch, wie heikel die Kirchenfrage war, und in der Tat kam das Problem der Beziehung zwischen Kirche und Staat in seiner Bedeutung gleich hinter dem Marokko-Problem, mit dem sich die Regierung in erster Linie befaßte. Das Konkordat von 1851 bezeichnete den Katholizismus als »die Religion der spanischen Nation«. Die Regierung erklärte sich verantwortlich für die Zahlung der Gehälter der Weltgeistlichen, die Instand-

haltung ihrer Gebäude, verantwortlich auch dafür zu sorgen, daß die kirchliche Lehre in öffentlichen Schulen von Priestern unterrichtet wurde, und für die Unterstützung der Kirche bei der Bekämpfung moralisch nicht einwandfreier Literatur. Das Konkordat autorisierte zudem die Existenz dreier Orden, deren Ausgaben der Staat übernehmen sollte: St. Vincent de Paul, St. Philip de Neri und ein weiterer nie genauer genannter. Der Druck auf den Klerus in Italien nach der Gründung des Vereinigten Königreichs 1871 und nach der Gründung der 3. Republik in Frankreich 1879 hatte eine große Anzahl von Orden nach Spanien emigrieren lassen. 1887 versuchte die spanische Regierung erfolglos, all diese Orden unter einem Vereinsrecht zu registrieren, unter anderem deshalb, um ihren Besitz für die Besteuerung schätzen zu können.
1902 und 1906 verlangte die Regierung vom Vatikan erneut die namentliche Bekanntgabe des dritten Ordens, den der Staat unterstützen sollte, sowie die Anmeldung der anderen Orden als privater und damit steuerpflichtiger Vereinigungen. Der Vatikan antwortete darauf, alle Orden stünden unter dem gleichen päpstlichen Schutz, und die Angelegenheit wurde fallengelassen.
Dennoch kann ein Abriß dieser ausweglosen Lage bei der Gesetzgebung nicht erklären, warum Liberale und Sozialisten gegen die Kirche als unerträglichen moralischen und pädagogischen Inkubus wüteten, warum Arbeiter mit großen wirtschaftlichen Sorgen und antimilitaristischen Gefühlen Kirchen niederbrannten und warum Katholiken so reagierten, als werfe man sie in die Katakomben. Um diese Leidenschaftlichkeit zu verstehen, muß man sich daran erinnern, daß die Einigung Spaniens unter Ferdinand und Isabella im Jahre 1479 und die Bewahrung dieser

Einheit durch königliche Regierungen bis in die Mitte des 19. Jahrhunderts wesentlich stärker auf religiöser Grundlage denn auf Gesetzen oder sprachlicher bzw. ethnischer Gleichheit beruhte. Des weiteren gilt es zu erinnern, daß die Juden vertrieben oder konvertiert wurden, der Protestantismus niemals Fuß fassen konnte, Spanien sein Schicksal mit dem der Gegenreformation verbunden hatte und die überwältigende Mehrheit der Spanier bis weit ins 19. Jahrhundert hinein praktizierende und gläubige Katholiken waren.

In den letzten Jahrzehnten jedoch waren eine ganze Reihe führender Intellektueller Krausisten, Positivisten oder Sozialisten geworden, und viele Angehörige der städtischen Mittelschicht und der Bauernschaft des Südens hatten aufgehört, gläubige Christen zu sein. Unter diesen Umständen wurde es unerträglich, daß Schulen und Verlage an Beispielen des »Syllabus der Irrtümer« (1864) festhalten sollten, der Lehren wie Liberalismus, Positivismus und Sozialismus als Todsünden verdammte. In den ländlichen Gebieten Spaniens hatten die Orden vor den *desamortizaciones* (Enteignungen) von 1837 und 1855 ihre Felder Seite an Seite mit den Bauern bestellt. 1900 wurde ihr Grundeigentum und Besitz in städtische Liegenschaften umgewandelt, in Aktien der neuentstandenen Industrien und der öffentlichen Versorgungsbetriebe. Die kapitalistische Mittelschicht war an diesem nicht besteuerten Reichtum beteiligt. Die Arbeiter identifizierten die Kirche in zunehmendem Maße mit den kapitalistischen Ausbeutern. Für beide Schichten gilt, daß 1900 die Hälfte oder mehr der Spanier den katholischen Glauben verloren hatten, ohne einen anderen Glauben gefunden zu haben, der das entstandene emotionale und geistige Vakuum hätte ausfüllen können.

Die Kirchenfeindlichkeit vereinte intellektuelle Verachtung mit enttäuschter Liebe. Im besten Falle war sie von der Bewegung für vollständige politische und geistige Freiheit motiviert, im schlimmsten Falle war sie schlichte Demagogie, die von den wahren sozialen Mißständen ablenkte und zu Gewalttätigkeiten und Plünderungen führte.

Zwischen 1910 und 1912 unternahm die Regierung Canalejas einen großangelegten Versuch zur Lösung der Kirchenfrage. Der Religionsunterricht sollte in den öffentlichen Schulen weiterhin verbindlich bleiben, aber diejenigen Eltern, die erklärtermaßen einer anderen Religion angehörten, konnten ihre Kinder davon befreien lassen. Canalejas bestand darauf, daß die winzige protestantische Gemeinde nicht als Bürger zweiter Klasse behandelt werden dürfe, die zum Gottesdienst in nicht gekennzeichneten Gebäuden und zum Verzicht auf Zeremonien in der Öffentlichkeit verurteilt waren. Seiner Meinung nach war das Recht auf freie Religionsausübung – gleich, welcher Religionsgemeinschaft – das mindeste Kennzeichen von Zivilisation. Als er 1910 die Orden zu registrieren versuchte, brach der Vatikan die diplomatischen Beziehungen ab, und die Gläubigen riefen nach einem »Kreuzzug« zur Verteidigung der Religion gegen die Verfolgung durch Gottlose. Mit dem berühmten »ley de candado«, dem »Maulkorbgesetz«, verkündete die Regierung, daß keine neuen Orden gegründet werden dürften, bevor ein neues Vereinsgesetz verabschiedet sei. Würde ein solches Gesetz nicht angenommen, sollte das Verbot innerhalb von zwei Jahren ablaufen. Der Premierminister wurde kurz darauf von einem Anarchisten ermordet und die Kirchenfrage von der nachfolgenden Regierung fallengelassen. Zusätzlich wurden die Gemüter zu dieser Zeit dadurch erregt, daß in Portugal der König bei einer Revolte getötet, die Republik ausgerufen und die Orden aufgelöst worden waren.

Weniger explosiv als die Kirchenfrage, aber für den Zusammenbruch der Restaurationsmonarchie ebenso wichtig, waren die regionalistischen Bestrebungen der Katalanen und Basken. Die Macht sowohl der konservativen Partei Cánovas' als auch der liberalen Sagastas konzentrierte sich auf Kastilien und Andalusien. Beide Parteien hatten in den Kreis- und Marktstädten dieser Provinzen ihre Kaziken. Anteilmäßig repräsentierten die Konservativen eher die Interessen der Grundbesitzer und der orthodoxen Katholiken, die Liberalen die nicht-katholische und die kirchenfeindliche Mittelschicht sowie die ehemaligen Republikaner, die die quasi-parlamentarische Monarchie von 1876 akzeptiert hatten. Aber das sind eher Nuancen als klar abgegrenzte Unterschiede. Beide Parteien repräsentierten agrarkapitalistische Interessen. Beide »regelten« die Rivalitäten zwischen bedeutenden Persönlichkeiten auf dem Lande und den kommerziellen und bürokratischen Interessen in den Städten. Beide setzten die Guardia Civil und das Militär gegen die Streikenden ein, beide versuchten, den Streitkräften entgegenzukommen. Die Liberalen unterstützten das allgemeine Wahlrecht, wohl in der Hoffnung darauf, in den Gemeindewahlen, bei denen die Kaziken den Wahlausgang nicht kontrollierten, die Stimmenmehrheit zu erlangen. Doch die sozialistischen, republikanischen und regionalen Parteien erhielten die meisten Stimmen bei diesen Wahlen, so daß die Liberalen auch weiterhin nur die Interessen der kastilischen Mittelschicht vertraten.

Die erste und wichtigste regionale Bewegung war diejenige

in Katalonien. Die Monarchie unter den Bourbonen im 18. Jahrhundert sowie die liberale und die Restaurations-Monarchie im 19. Jahrhundert hatten Spanien als eine einheitlich zu regierende Nation betrachtet. Einer der Streitpunkte in den Karlistenkriegen war die Forderung nach der dezentralisierten (daher »traditionellen«) Monarchie und der Sieg der Liberalen ein Sieg für die Zentralgewalt gewesen. Dennoch hatten das katalanische Geschichtsbewußtsein und die katalanische Sprache auch ohne politische Institutionen überlebt. Das Gefühl der psychologischen Distanz von Madrid zeigte sich indirekt darin, daß zwischen 1833 und 1901 unter 902 Ministern nur 24 Katalanen gewesen waren oder daß z. B. 1850 bei den Katalanen, die 10% der Gesamtbevölkerung ausmachten, 27% der Streitkräfte stationiert waren.[11] Wiederbelebung der Literatur, Industrialisierung und Nationalgefühl entwickelten sich in der zweiten Hälfte des 19. Jahrhunderts simultan.

1892 hatten die Bases de Manresa in aller Öffentlichkeit maximalistische Forderungen gestellt, so z. B. daß das Katalanische einzige Amtssprache sein sollte, daß Katalanen alle Regierungsposten, und zwar zivile und militärische, innehaben sollten und daß Katalonien (wie in der Zeit vor 1845) der spanischen Armee »Freiwillige« und/oder Geld beisteuern sollte. 1901 wurde die *Lliga Regionalista* gegründet, die die Interessen der konservativen, katholischen, industriellen und kommerziellen Bourgeoisie vertreten sollte. Die *Lliga* gewann viele örtliche Anhänger der beiden dynastischen Parteien und auch viele der übriggebliebenen karlistischen Anhänger in den ländlichen Gebieten Kataloniens. Sie siegte 1905 und 1907 bei den Gemeindewahlen, und für einen Augenblick schien es, als könne sie gemeinsam mit kleineren, liberaleren Gruppen auch einen beträchtlichen Teil der Arbeiterklasse für sich gewinnen.

Aber Streitigkeiten mit ihren liberalen Verbündeten und Lerroux' Erfolg in Barcelona beendeten ihre Hoffnungen, für ein geeintes Katalonien sprechen zu können. Sie waren auf ihre eigene Weise »regeneracionistas« und hofften, den spanischen Staat unter Führung des katalanischen Kapitalismus zu erneuern. Ihre Lobby setzte sich sehr für die Schutzzölle von 1906 ein, und sie unterstützten Maura, als die »Tragische Woche« sie auf erschreckende Weise die möglichen Ausmaße der Arbeiterunruhen erkennen ließ.[12] Das Positivste, was sie für die Zukunft Kataloniens erreichten, war das Mancomunitat von der Dato-Regierung Anfang 1914. Das Mancomunitat hatte weder Exekutivgewalt noch durfte es Steuern erheben, doch unter Führung von Enric Prat de la Riba schuf es das Bild einer beginnenden »Regional«-Regierung und gab dem katalanischen Kulturbewußtsein starke Impulse. Das Mancomunitat hatte Befugnisse in den Bereichen Kultur und Erziehung, Wasserwerke, Wohlfahrtseinrichtungen und Gesundheitswesen. Es gründete das *Institut d'Estudis catalans*, die *Escola de Treball* (um Arbeitern die Ausbildung zu Facharbeitern zu ermöglichen, während sie ganz nebenbei die katalanische Sprache lernten), eine *Junta de Museus*, eine *Caixa de Credit Comunal* usw. So bedeutend war es für das öffentliche Leben in Katalonien, daß die Regierungen in Madrid ab 1916 ihr möglichstes taten, die Macht der *Lliga* zu untergraben.

Der baskische und der katalanische Nationalismus legten großen Wert auf die Erinnerung an die nationale Geschichte, eine eigene Sprache und ein auf eben diesen beiden

Faktoren beruhendes Zusammengehörigkeitsbewußtsein. Während das Katalanische jedoch von drei Millionen Menschen (darunter auch Akademiker und Industrielle aus der Bourgeoisie) gesprochen wurde, sprachen nicht mehr als eine halbe Million Baskisch, und alle baskischen Schriftsteller und Industriellen gebrauchten das Kastilische. Der baskische Nationalismus orientierte sich, zumindest in den ersten Jahren des 20. Jahrhunderts, eher an Politik und Wirtschaft als an der Sprache. Vor den Karlistenkriegen brauchten die Basken außerhalb ihrer Heimat keinen Militärdienst zu leisten. Sie hatten ihr eigenes Steuersystem und erhoben Zölle auf fremde Waren. Der Friede von Vergara (1839) und die Beendigung des zweiten Karlistenkriegs 1876 hatte sie dieser jahrhundertealten *fueros* beraubt. Sie wurden aber 1878 durch die Einrichtung des *concierto económico* entschädigt, in dem Madrid zwar die Höhe der jährlichen Steuern festlegte, die in den baskischen Provinzen einzuziehen waren, den Entrichtungsmodus jedoch den Basken überließ.

In der Tat gestand der *concierto* der örtlichen kapitalistischen Oligarchie die volle Kontrolle der Steuerverteilung zu, und der baskische Nationalismus, der 1894 mit der Gründung des *Partido Nacionalista Vasco (PNV)* die Form einer Organisation annahm, war eine kleine Bewegung der Mittelschicht und der Bauernschaft, die sich genausosehr gegen die örtliche Oligarchie wie gegen Madrid richtete.

Das baskische Nationalbewußtsein wurde aus rein ökonomischen Gründen wichtig. Die Basken waren nämlich – vielleicht aufgrund ihrer langen Handelsbeziehungen zu England – die einzigen Spanier, die ein modernes Bankwesen und gemeinschaftliche Unternehmen entwickelten. 1900 wurde die Banco Hispano-Americano mit aus Kuba zurückfließendem Kapital gegründet, und 1901 investierte die mit Gewinnen aus dem Bergbau errichtete Banco de Viscaya in die Entwicklung neuer Wasserkraftwerke. Bilbao wurde in den 20 Jahren vor 1914 zum Zentrum einer blühenden Stahlindustrie. Während des Krieges erzielten die Basken ungeheure Gewinne aus Stahl-Export und Schiffsbau. 1918 wurden mit Gewinnen aus dem Außenhandel von 1914-1918 die Banco Urquijo und die Banco Central gegründet. Auf diese Weise dominierten die Basken 1918 Spaniens Bankwesen und Schwerindustrie. Ihre Tüchtigkeit in wirtschaftlichen Dingen trug wesentlich zur Bedeutung des baskischen Nationalismus bei, ungeachtet der Tatsache, daß die meisten führenden Industriellen keine Nationalisten waren.

Die Aufwendungen für Marokko und der Zusammenbruch des Parteien-Systems der Restauration lähmten praktisch die regenerationistischen Bemühungen, die sich an die Namen Silvela und Maura knüpften. Die Schriften von Lucas Mellada, Joaquín Costa und anderen hatten die Aufmerksamkeit auf die Mißstände des Kazikenwesens, die Notwendigkeit einer Bodenreform, der Wiederaufforstung und der Bewässerung gelenkt. Das Institut für Sozialreform, 1902 gegründet, führte qualifizierte Studien über das herrschende Landsystem durch und schlug die großangelegte Neuverteilung brachliegenden Landes an die ärmeren Bauern vor.

1902, 1908 und 1916 brachte Rafael Gasset Pläne ein, die Fläche des bewässerten Nutzlandes um Hunderttausende von Hektar zu vergrößern. Die Bodenreform war aufgrund des Widerstands der Grundbesitzer ein totgeborenes Kind. Als die Premierminister Silvela, Maura und Dato zwischen der Unterstützung der *política hidráulica* (Wasserwirtschaftspolitik) und des Militärs wählen mußten, entschieden sie sich zugunsten des Militärs.

Vom Standpunkt des sich entwickelnden kapitalistischen Wirtschaftssystems Spaniens aus gesehen, erzielten die Regierungen in der Zeit von 1898-1914 einen wichtigen Erfolg, nämlich die Aufwertung der Peseta und die Kontrolle der Inflation. Die 90er Jahre waren Zeuge des zunehmenden Umlaufs von Papiergeld gewesen, der den Kurs der Peseta an der internationalen Börse um die Hälfte gesenkt hatte. Nach dem Kuba-Krieg erreichte die Regierung unter Führung von Finanzminister Villaverde ausgeglichene Budgets und verringerte die Menge an Papiergeld erheblich. Die Peseta erholte sich im Verhältnis zum britischen Pfund (zu jener Zeit die wichtigste Währung im internationalen Handel), und der spanische Preisindex schwankte von 1889 bis 1913 nie um mehr als um 5%. Obwohl Spaniens Außenhandel beständig ein leichtes Defizit aufwies, wuchsen die Goldreserven ständig an.[13] Der Export von landwirtschaftlichen Erzeugnissen florierte, die neue wirtschaftliche Stärke zeigte sich in der Stahl-, Zement- und der chemischen Industrie, im Schiffsbau und in der Gesundung der katalanischen Textilfabrikation. Die Defizite stammten hauptsächlich aus dem Import ausländischer Maschinen, doch diese Importe trugen gleichzeitig dazu bei, die spanische Industrie zu verbessern und ihren möglichen zukünftigen Aufschwung zu gewährleisten. Vom politischen Standpunkt und unter dem Blickwinkel sozialer Gerechtigkeit gesehen, müssen die ersten Jahre des 20. Jahrhunderts ziemlich erbärmlich erscheinen. Was den Privatsektor des Bankwesens und der Industrie betrifft, waren diese Jahre jedoch von beträchtlichem Wohlstand und finanziellem Aufschwung.

Kapitel II

Vom Ersten Weltkrieg bis zum Ende der Monarchie

(1914-1931)

Im großen ganzen blühte die spanische Wirtschaft während des Krieges von 1914-1918 auf, doch die Ergebnisse waren unterschiedlich. Die Exporte der katalanischen Textilindustrie verdreifachten sich, und regen Absatz und beste Preise erwirtschafteten Stahlindustrie und Werften im Baskenland. Die Handelsbilanz war günstig, die Goldreserven nahmen rapide zu. Orangen aus Valencia dagegen verfaulten auf den Docks, weil keine Schiffe für den Transport zur Verfügung standen, und Bau-Industrie, Transport- und Druckereiwesen litten unter dem Mangel an Rohstoffen. Zwar stiegen die Löhne und die Anzahl der Beschäftigten in der Industrie, doch die Preise stiegen noch schneller. Es gab weder Steuern auf außergewöhnliche Profite noch Preiskontrollen. Spanien war weiterhin auf die Einfuhr von Weizen angewiesen, und als diese 1918 aufgrund des Eigenbedarfs der Alliierten stark reduziert wurde, mußte die Regierung in Madrid Brot verteilen, um Aufstände zu verhindern.[1]
Spaniens sofortige Neutralitätserklärung entsprach seiner aktuellen Situation (es war nämlich überhaupt nicht dazu in der Lage, militärisch einzugreifen) und im August 1914 auch den Empfindungen der überwältigenden Mehrheit. Seine Neutralität bedeutete jedoch nicht, daß die Spanier vom Krieg unberührt blieben. Die Mehrheit der reichen

Grundbesitzer, die Priesterschaft, Armee- und Marine-Offiziere identifizierten sich geistig mit dem hierarchischen, disziplinierten, elitären Geist des Deutschen Reiches. Die Antiklerikalen, die liberale Mittelschicht und die Intellektuellen tendierten zur Unterstützung der Alliierten, und der Führer der Reformisten, Melquíades Alvarez, war ein vehementer Vertreter ihrer Ansichten. Der Großteil der Führung der sozialistischen Partei befürwortete die Neutralität und sprach von den kapitalistischen Widersprüchen als der Hauptursache des Krieges, doch Julián Besteiro und Luis Araquistain betonten auch, daß Frankreich als demokratische Republik gegen den Militarismus der Deutschen verteidigt werden müsse. Eine Stimmenminderheit, angeführt von García Prieto, bezichtigte die Mehrheit, den strikten Internationalismus der traditionellen sozialistischen Idee aufgegeben zu haben.
Die Anarchisten und ihre neu gegründete Arbeiterföderation, die *Confederación Nacional de Trabajo* (CNT), waren im Hinblick auf kriegerische Auseinandersetzungen neutral und bestanden darauf, daß es vom proletarischen Standpunkt aus gesehen keinen Unterschied zwischen den Alliierten und den Achsenmächten gebe, der auch nur das Opfer eines einzigen Arbeiterlebens rechtfertige. Sie schrien deshalb besonders laut, weil sie von Kropotkin und Malatesta enttäuscht waren, die in den 90er Jahren die wichtigsten Theorien zur direkten Aktion und zum revolutionären Generalstreik geliefert hatten und die jetzt Position für die Alliierten bezogen.
Von Anfang 1916 bis 1921 herrschte eine ständige komplexe Wechselbeziehung zwischen den wirtschaftlich begründeten Klassenkonflikten innerhalb Spaniens und den wirtschaftlichen und ideologischen Auswirkungen des Welt-

kriegs und der Russischen Revolution. Eisenbahn- und Bergarbeiter übernahmen die Führung. Auf der UGT-Konferenz traten im Mai 1916 Manuel Llaneza und Isidro Acevedo für Streiks ein, um die Arbeitsbedingungen zu verbessern und Lohnerhöhungen durchzusetzen, um die schnellen Preisanstiege auszugleichen. Trotz unterschiedlicher Beurteilung des Krieges wünschten die sozialistische UGT und die anarcho-syndikalistische CNT die Klasseneinheit an der Wirtschaftsfront. Im Juli unterzeichneten in Saragossa Julián Besteiro und Largo Caballero für die Sozialisten sowie Salvador Seguí und Angel Pestana für die Anarcho-Syndikalisten ein Abkommen über die Zusammenarbeit bei Streiks und Forderungen nach politischen Reformen. Die Regierung hob in der Verfassung verankerte Garantien zeitweilig auf und verhaftete kurzerhand die Unterzeichner. In der Zwischenzeit streikten Eisenbahnarbeiter in Valladolid und Bergarbeiter in Asturien für höhere Löhne und Anerkennung der gewerkschaftlichen Vereinigungen. Die Regierung rief in den betroffenen Provinzen den *estado de guerra* (Kriegszustand) aus und nahm mehrere Führer der Anarchisten und Sozialisten fest. Die Unternehmensführungen waren jedoch zu Konzessionen im Hinblick auf die Löhne bereit und akzeptierten den Vorschlag der Regierung, das Instituto de Reforma Social als Vermittler einzuschalten. Dessen Gutachten führte zu Lohnerhöhungen und Anerkennung der gewerkschaftlichen Vereinigungen. Der Streik endete mit der Verbrüderung der Truppen und der Bergarbeiter auf den Bahnhöfen, und Pablo Iglesias erklärte, er habe in all seinen Jahren als Kämpfer noch nichts diesem Streik Vergleichbares erlebt.

Der Sieg vermehrte das Vertrauen der Arbeiter in den

Streik als Druckmittel für ihre Forderungen und trug gleichermaßen zu dem Optimismus über die Kooperation der liberalen Arbeiterschaft bei politischen Reformen bei. Aber die internationale Entwicklung in den folgenden Jahren zeigte die Brüchigkeit eines solchen Optimismus.

Im Dezember 1916 bat Präsident Woodrow Wilson alle alliierten und neutralen Mächte zu einem Gedankenaustausch über die Möglichkeiten eines Verhandlungsfriedens. Anfang 1917 gingen die Deutschen zu einem uneingeschränkten U-Boot-Krieg über, und im April traten die Vereinigten Staaten in den Krieg ein. Melquíades Alvarez forderte, Spanien solle die diplomatischen Beziehungen zu Deutschland abbrechen, und die Mehrheit der sozialistischen Führung stimmte allen Aussagen Woodrow Wilsons lauthals zu. Die Anarchisten betonten erneut, daß es sich um einen rein imperialistischen Krieg handele. Im März 1917 beendeten die Anfänge der Russischen Revolution die zaristische Autokratie, und es schien, als würde ein bürgerlich-demokratisches Rußland weiterhin an der Seite Frankreichs und Englands kämpfen. Mit dem Eintritt der Vereinigten Staaten in den Krieg und der Aussicht auf einen demokratischen russischen Alliierten betrachteten die Sozialisten die Sache der Alliierten in zunehmendem Maße als sozialistische Sache. In den Augen von Besteiro und der Mehrheit müßten sowohl Rußland als auch Spanien noch mehrere Jahrzehnte einer demokratisch-kapitalistischen Entwicklung durchlaufen, bevor sie für eine sozialistische Revolution reif seien.[2] Nach dem Abkommen von Saragossa im Juli 1916 waren die Meinungsverschiedenheiten über den Krieg aus der sozialistischen und anarchistischen Presse verschwunden. Aber im Mai 1917

setzte die anarchistische Presse die Sozialisten mit der Bourgeoisie gleich, und die sozialistische Presse stellte Vermutungen darüber an, ob die CNT im Sold des deutschen Kaiserreichs stünde.[3]
Die Armee litt weiterhin unter internen Schwierigkeiten. Nichts Ernsthaftes hatte man unternommen, um ihre Wirksamkeit in Marokko zu erhöhen, ihr Bild als repressive Kraft auf der Halbinsel zu ändern oder die notwendigen Reformen, was die Rekrutierung, das Zahlenverhältnis von Offizieren und Soldaten und die Erneuerung der Ausrüstung betraf. 1911 hoffte die Regierung Canalejas, gleichzeitig dem Militär, den Geldgebern der Banken und Altos Hornos eine Gefälligkeit zu erweisen, zog sich aus den problematischen Gebieten des Landesinnern zurück und errichtete die sogenannte *Linea de Kert* (Larache, Alcazarquivir, Arcila) als Ausgangspunkt für militärische Unternehmungen. Canalejas benutzte das Militär auch, um 1910 einen Eisenbahneraufstand niederzuschlagen. 1914 besaß die Armee im Verhältnis zum deutschen Heer lediglich ein Viertel der Artillerie pro Korps. Gleichzeitig waren im Organisationsplan nur für etwa ein Drittel des Offiziers-Korps' Stellen vorhanden, und die übrigen Offiziere erhielten überflüssige Positionen in Verwaltungsbereichen. 1912 wurde ein neues Rekrutierungsgesetz zur Demokratisierung der Bedingungen der allgemeinen Wehrpflicht eingebracht. Es unterband die »redención a métalico«, eine Zahlung von einigen Tausend Pesetas, mit der sich die Wohlhabenden vom Militärdienst freikaufen konnten. Es führte aber auch die »soldados de cuota« ein: Durch 1000 Pesetas plus Kauf der eigenen Ausrüstung ließ sich der Wehrdienst auf 10 Monate einschränken. 2000 Pesetas plus Ausrüstung ließen ihn auf 5 Monate schrumpfen, die man

in verhältnismäßig guter körperlicher Verfassung ableisten konnte.

1912, und 1916 noch einmal, wurde über durchgreifende Reformen in der militärischen Verpflegung und Unterbringung diskutiert, aber den Diskussionen folgten keine einschneidenden Veränderungen. In der Zwischenzeit wurden die Gehälter, die nie mehr als eben gerade ausreichend gewesen waren, durch die Inflation in den Kriegsjahren »proletarisiert«. Im Juni 1917 bildeten die Offiziere der Infanterie *Juntas de defensa* (Verteidigungsräte) und stellten folgende Forderungen: bessere Bezahlung und Lebensbedingungen, die Entlassung einiger Generäle aus dem Dienst und das strikte Einhalten der Beförderung nach Dienstjahren.

Der letzte Punkt bezog sich auf den Marokko-Krieg und die Praxis, besondere Kampfleistungen ohne Berücksichtigung der Dienstjahre mit Beförderungen zu belohnen. Die Regierung inhaftierte die Führer der Junta, nur um von den unmittelbaren Solidaritätsbekundungen mit den Junteros seitens der Artillerie-Einheiten, der Pioniere und der Guardia Civil aufgeschreckt zu werden. Das Kabinett García Prietos trat zurück und gestand seine Unfähigkeit ein, mit der Junta fertigzuwerden. Deren Führer wurden ohne jeden Verweis freigelassen, doch in der Zwischenzeit hatten sie vom Gefängnis aus ein formelles Schreiben an den König gerichtet, in dem sie den künstlichen Wechsel der Macht innerhalb der dynastischen Parteien verurteilten. Ihr Präsident, Oberst Benito Márquez Martínez, begann, seine Junta als Schiedsrichter in der spanischen Politik anzusehen.

Den unzufriedenen politischen Parteien und der Öffentlichkeit erschienen die entlasteten Junta-Offiziere als Helden im Kampf für die Demokratisierung der Monarchie. Im Juli forderte die *Lliga Regionalista* unter der Führung von Francesc Cambó eine parlamentarische Nationalversammlung, deren erklärtes Ziel eine neue Verfassung war, in der die Verantwortung beim Parlament liegen und nicht das königliche Hoheitsrecht herrschen sollte, sowie den Autonomiestatus für Katalonien. Die Sozialisten feierten die parlamentarische Versammlung als Äquivalent zur demokratischen Revolution, die gerade im zaristischen Rußland stattgefunden hatte. Beide Gruppen glaubten, die Juntas würden ihre Forderungen nach einer demokratischen Monarchie unterstützen.

Zur gleichen Zeit kam es zu einer ausgedehnten Streikbewegung, die u. a. auch Lohnerhöhungen und politische Reformen forderte. Im Mai z. B. streikten die Bergarbeiter in Asturien und Peñarroya, im Juli streikten in Valencia die Dock- und Eisenbahnarbeiter, denen sich kurze Zeit später 27 000 Stahlarbeiter in Bilbao anschlossen, zur Unterstützung der parlamentarischen Versammlung. Anfang August streikten die Eisenbahnarbeiter im Norden Spaniens für die Anerkennung gewerkschaftlicher Vereinigungen und die Wiedereinstellung von Arbeitern, die wegen ihrer gewerkschaftlichen Aktivitäten gefeuert worden waren. Die Gesellschaft weigerte sich, über die Entlassungen auch nur zu diskutieren, und berief sich darauf, daß diese einzig und allein Sache der Unternehmensführung seien. Die Sozialistenführer Besteiro und Largo Caballero wußten zwar, daß die Arbeiter für einen erfolgreichen Streik ungenügend organisiert waren, wurden aber gegen ihr besseres Wissen von einem Gefühl der Solidarität mit den Tausenden von Berg-, Stahl- und Eisenbahnarbeitern getragen, die sich bereits in Streik befanden. Gleichzeitig

waren sie davon überzeugt, daß es im Augenblick die wichtigste Aufgabe sei, die spanische Verfassung zu demokratisieren, und auch davon, daß der Streik höchstwahrscheinlich wirksamer sei, wenn die UGT ihre Forderungen mit denen der Reformer aus der Mittelschicht abstimmen würde. Der Generalstreik vom 13. August schloß daher Forderungen nach einer provisorischen Regierung, die das königliche Kabinett ersetzen sollte, und nach einer verfassunggebenden Nationalversammlung ein, die die spanische Verfassung überarbeiten sollte. Für drei Tage kam das wirtschaftliche Leben in Barcelona, Valencia, Madrid, Saragossa, Bilbao und den Bergbaugebieten zum Erliegen. An der Basis arbeiteten UGT und CNT zusammen. Die Regierung rief nach der Armee, und Oberst Márquez, der Hauptanführer der Junta, führte seine Truppen gegen die Streikenden in Barcelona. Am 16. August wurde das Streik-Komitee verhaftet, später vor ein Kriegsgericht gestellt und zu einer lebenslangen Haftstrafe verurteilt. Mit Ausnahme der Oviedo-Minen war der Streik am 18. überall beendet. Die Regierung sprach von 52 Toten während der Kämpfe. Andere Schätzungen liegen bei mehreren Hundert.[4]
Die wichtigsten greifbaren Ergebnisse des fehlgeschlagenen Streiks waren, daß die Armee die persönliche Autorität des Königs gerettet hatte und die Verfassungsreform auf unbestimmte Zeit verschoben wurde. Er hatte aber auch politische und psychologische Folgen, die die spanische Politik von 1917 bis zum Bürgerkrieg 1936-39 beeinflussen sollten. Der König war beinahe dazu gezwungen gewesen, seine Exekutivgewalt aufzugeben und sich mit der doch sehr begrenzten Rolle eines britischen oder skandinavischen Monarchen abzufinden. Zieht man das Moment der

antimonarchischen Empfindungen in ganz Europa in Betracht, hätte er seinen Thron leicht verlieren können, wenn die parlamentarische Versammlung und der Streik zu einer verfassunggebenden Nationalversammlung geführt hätten. Im 19. Jahrhundert, ganz besonders aber 1917, hatten die Liberalen, die Republikaner und sogar die Sozialisten im Parlament oft genug gehofft, daß das Militär in den innenpolitischen Auseinandersetzungen eine »progressive« Haltung einnehmen würde. Sie glaubten daran sogar trotz der nicht enden wollenden Schwierigkeiten der Armee in Marokko und trotz der Tatsache, daß jedes Jahr über verschiedene spanische Provinzen das Kriegsrecht verhängt wurde und das Militär die Regierung regelmäßig beim Niederschlagen von Streiks unterstützte.

1917 feuerten sowohl die »progressiven« Juntas als auch die Africanistas auf Streikende. Auch diese Aktion setzte der Verführung kein Ende, an einzelne militärische Retter zu glauben, aber nie wieder sah der Großteil der spanischen Linken das Militär als verläßlichen Verbündeten an. Was Cambó betrifft, so waren er und die liberalen Kapitalisten, die sowohl in Katalonien als auch in Kastilien seine Anhänger waren, dadurch gründlich ernüchtert worden, daß die einzige greifbare öffentliche Unterstützung der Verfassungsreform von der marxistischen und anarchosyndikalistischen Arbeiterklasse gekommen war. Unter den gegebenen Umständen zogen sie es vor, mit dem König und dem Militär zusammenzuarbeiten, anstatt Reformen durchzudrücken, die sie nur in Verbindung mit den Industriearbeitern hätten durchsetzen können. Auch die Sozialisten wurden durch das Fehlschlagen des Streiks sehr ernüchtert. Julián Besteiro sollte mehr denn je zum

Gegner übereilter revolutionärer Vorhaben werden und die Ansicht vertreten, daß beim derzeitigen Entwicklungsstand Spaniens die liberale Mittelschicht, nicht aber das Proletariat, den Weg zu einer bürgerlichen Revolution weisen und dafür die notwendigen Opfer bringen müsse. Largo Caballero wurde in seiner reformistischen Haltung bestärkt. Er und die Führer in den Zechen Asturiens sollten später mit der sanften, aber keineswegs reformistischen Diktatur General Primo de Riveras kollaborieren. Die Anarchisten schließlich wurden durch den schnellen Zusammenbruch des Generalstreiks in ihrer abschätzigen Meinung über die sozialistische Kampfbereitschaft bestätigt, wie auch in ihren maximalistischen Interpretationen der Unvereinbarkeit von bürgerlichen Reformen und kollektivistischer Revolution.

Die bolschewistische Machtergreifung im November 1917 lenkte die Aufmerksamkeit der Arbeiterklasse wieder einmal auf die internationale Entwicklung. Die meisten Sozialisten reagierten mit Besorgnis. Rußland war ihrer Meinung nach noch nicht bereit für eine sozialistische Revolution, und der Ruf nach einem sofortigen Frieden mit Deutschland würde der Sache der Alliierten schaden, mit der sich die Sozialisten seit der März-Revolution und dem Eintritt der Vereinigten Staaten in den Krieg zunehmend identifiziert hatten. Die *Solidaridad Obrera*, die Angel Pestaña herausgab, befürwortete den bolschewistischen Ruf nach Frieden, war aber vorsichtig, was das Wesen der Diktatur Lenins betraf. Die *Tierra y Libertad*, die wichtigste anarchistische Zeitung, war begeistert. Die Arbeiterklasse hatte in einem Land die Macht ergriffen, das nicht nur das reaktionärste Reich der Welt gewesen war, sondern auch die Heimat Bakunins und Kropotkins; die Bolschewiken waren im Begriff, den Krieg zu beenden und das Land an die Bauern zu verteilen.

Beim gegenwärtigen Forschungsstand können wir keine genauen Angaben über die spanische Arbeiterklasse als ganzes machen; aber der detaillierte Bericht von Díaz del Moral über die Ereignisse in der Provinz Córdoba, zusammen mit der einseitigen Berichterstattung der Presse in den wichtigsten Industrie- und Hafenstädten, zeigt, daß die November-Revolution ungeheure Begeisterung hervorrief und unter Bauern und städtischen Arbeitern eine Reihe utopischer Hoffnungen nährte. Bei den Wahlen im Februar 1918 gewannen die Sozialisten sechs Sitze der Cortes. Die Führer des Streikkomitees vom August wurden begnadigt, Besteiro und Largo Caballero gingen vom Gefängnis direkt in die Cortes. Ebenso wichtig waren wahrscheinlich die vielen Siege der von den Kaziken unterstützten Kandidaten in Gebieten, in denen die Revolution bereits offensichtlich gärte. Nach Meinung von Díaz del Moral waren diese Siege – im Gegensatz zur Vergangenheit – nicht mehr auf Angst oder Unterwürfigkeit zurückzuführen, sondern auf die Begeisterung über die Revolution, die den Wahlvorgang und auch die republikanischen und sozialistischen Kandidaten als bloße Werkzeuge der Bourgeoisie verwarf.[5]

Andalusien lebte in einem Rausch der Begeisterung über die Revolution: Auf propagandistischen Veranstaltungen hielten sozialistische, syndikalistische und anarchistische Redner ihre Ansprachen; weite Verbreitung der Pamphlete von Propheten der Revolution wie Jules Guesde, Bakunin und Kropotkin; eine Vielzahl örtlicher Organisationen, jede mit ihren eigenen Regeln und ihrer eigenen (winzigen) Kasse; Bemühungen der örtlichen Führer, die um sich greifende Begeisterung der Massen im Zaum zu halten; oftmals das – zum Teil gerechtfertigte – Empfinden, die Zivilregierung habe den Forderungen der Arbeiter in den 184 Streiks, die 1919 in der Provinz Córdoba in ländlichen Gebieten stattfanden, Sympathie entgegengebracht; das beinahe einhellige Empfinden, die Guardia Civil stünde im Dienst der Grundbesitzer; Streikmanifeste, in denen so dringliche Angelegenheiten wie Widerstand gegen die Akkordarbeit, die Anwerbung aller ortsansässigen Arbeiter vor der Einstellung von »Außenseitern«, mit allgemeinen Slogans verbunden wurden – Slogans, die nur ein Echo auf diejenigen der bolschewistischen Regierung waren; gleiche Zustimmung für die Befürworter einer individuellen Landzuteilung und für die Befürworter der Kollektivierung. Vom 29. Mai bis zum 14. August hielt die Regierung den Kriegszustand aufrecht. Gegen Ende des Jahres waren die Kräfte der Bauern erschöpft. Man hatte zwar einige temporäre Lohnverbesserungen erzielt, aber im großen und ganzen waren die Hoffnungen auf die Revolution und ihre Durchführbarkeit enttäuscht worden, und 1920 wurde sehr wenig gestreikt.

Schauplatz der größten Arbeiterunruhen war Anfang 1919 Barcelona. Der Generalstreik, der die Stadt vom 5. Februar bis zum 19. März in Atem hielt, war die eindrucksvollste, diszipliniierteste Demonstration anarcho-syndikalistischer Stärke in der gesamten Geschichte der spanischen Arbeiterbewegung. Sein Hintergrund und seine Ergebnisse sind es wert, selbst in einer kurzen historischen Darstellung erwähnt zu werden, denn sie illustrieren die komplexen Probleme des modernen Spaniens dramatischer als jedes andere Ereignis vor dem Bürgerkrieg.

Zwischen den frühen 90er Jahren des letzten Jahrhunderts

und der »Tragischen Woche« von 1909 hatte Barcelona Dutzende von terroristischen Bombenanschlägen erlebt, einige versuchte Generalstreiks und viel Unterdrückung, bei der die Polizei sich wenig Mühe machte, zwischen aktiven Teilnehmern an der »direkten Aktion« und der beträchtlich größeren Anzahl gewaltloser Anarchisten zu unterscheiden. Bis heute läßt sich nicht nachweisen, wieviele Gewalttaten von Anarchisten und wieviele von der Polizei oder von Provokateuren verübt wurden. Ein Grund dafür ist, daß zahlreiche Personen über einen Zeitraum von Monaten oder Jahren mehr als einer dieser Gruppen angehörten. Die Stadt war auch Zeuge der Anstrengungen der *Lliga Regionalista* und Alejandro Lerroux' gewesen, im ersten Jahrzehnt des Jahrhunderts die Stimmen der zugewanderten Arbeiter für sich zu gewinnen. Die *Lliga* hatte bei diesen Bemühungen nie viel Erfolg für sich verbuchen können, und die »Tragische Woche« hatte die politisch engagierten Arbeiter ihrer Illusionen im Hinblick auf Lerroux beraubt.

1911 wurde, in der Absicht, die entmutigten Arbeiter neu zu organisieren, die *Confederación Nacional de Trabajo* (CNT) gegründet. Die Ideologie der CNT griff stark auf die Lehre Bakunins zurück, daß freiwillige örtliche Zusammenschlüsse zu einem libertären Kommunismus führten; eine Lehre, die bei den Fabrikarbeitern, die vordem Bauern gewesen waren, und den örtlichen Handwerkern stark verbreitet war. Sie begrüßte die Zusammenarbeit – oder enthielt sich zumindest der Kritik – derjenigen, die trotz der entmutigenden Ergebnisse der letzten 20 Jahre auch weiterhin für »Propaganda durch die Tat« einstanden. Sie nahm den revolutionären Syndikalismus mit auf, der in der französischen Arbeiterbewegung seit der Jahrhundertwen-

de zunehmend an Bedeutung gewonnen hatte. Am wichtigsten aber war, daß sie für Industriegewerkschaften, für die Aufnahme aller Arbeiter einer bestimmten Industrie in dieselbe Gewerkschaft eintrat, Hilfs- und Facharbeiter, »blue collar«- und »white collar«-Arbeiter. Sie machte den Vorschlag, den Klassenkampf mittels massiver, disziplinierter Streiks zu führen, und diese Streiks sollten sich – zumindest in der nahen Zukunft – bestimmte wirtschaftliche und politische Konzessionen und keine apokalyptische Revolution zum Ziel setzen. Bis 1915 wuchs die neue Föderation nur langsam, aber das dann folgende, durch den Krieg bedingte Zusammentreffen von Verhandlungsvorteilen und Inflation füllte die Reihen sehr schnell, und 1919 konnte die CNT behaupten, unter den mehr als 1 000 000 Einwohnern im Großraum Barcelona 250 000 Mitglieder zu haben. Salvador Seguí als Organisator und charismatischer Führer und Angel Pestaña als Theoretiker und Herausgeber der *Solidaridad Obrera* gingen als die bedeutendsten Führer aus dem neuen anarcho-syndikalistischen Gewerkschaftswesen hervor. Zur selben Zeit führten Waffenhandel, Schmuggel und Spionage zum Wiederaufflackern von Provokationen und Meuchelmorden.
Ebenfalls 1911 gründete ein durch die Welt reisender Ingenieur namens Frank S. Pearson, der vor allem kanadische Geldgeber vertrat, die Transport-, Licht- und Elektrizitäts-Gesellschaft von Barcelona. Barcelona besaß zu dieser Zeit nur wenige kleine leistungsfähige Wärmekraftwerke, und die sogenannte »Canadiense«, die hydroelektrische Energie aus den Flüssen der Pyrenäen nutzte, wurde bald zur wichtigsten Quelle der Elektrizitätsversorgung in Barcelona. Sie arbeitete mit einer großen, verhältnismäßig gut ausgebildeten und gut bezahlten Belegschaft. Bei Kriegsen-

de, mit dem plötzlichen Rückgang der Nachfrage nach Energie, strebte die Gesellschaft einschneidende Kürzungen von Produktion und Gehältern an.
Die Arbeiter der Gesellschaft gehörten dem *sindicato único*, der Industriegewerkschaft Wasser, Gas und Elektrizität an. Ende Januar forderte ihr Sprecher, Salvador Seguí, die Anerkennung der Einheitsgewerkschaft als Verhandlungspartner, die Wiedereinstellung von sieben Beschäftigten, die aufgrund ihrer Tätigkeit für die Gewerkschaft entlassen worden waren, und die Aufhebung der angekündigten Lohnkürzungen. Der ortsansässige englische Manager, unterstützt von dem liberalen Premierminister Romanones, war zu wirklichen Verhandlungen bereit. Aber Zivilgouverneur González Rothwos und Generalkapitän Joaquín Milans del Bosch widersetzten sich Verhandlungen. Der Grund dafür war das seit langem herrschende gegenseitige Mißtrauen zwischen den katalanischen Industriellen und Madrid. Seguí rief die Belegschaft der »Canadiense« für den 5. Februar zu einem Streik auf. Milans antwortete darauf mit dem Verhängen des Kriegszustands, versuchte erfolglos, die Arbeiter zum Militärdienst einzuziehen und ließ schließlich etwa 3000 Verhaftungen vornehmen. Innerhalb weniger Tage hatte sich die ganze Gewerkschaft Wasser, Gas und Elektrizität, einschließlich der Straßenbahnfahrer, der Textilarbeiter und einem großen Anteil der städtischen Angestellten der Bewegung angeschlossen, die sich schließlich zum Generalstreik auswuchs. In deutlichem Gegensatz zu den Jahren 1916-18 gab es bei diesem Streik sehr wenig körperliche Gewaltanwendung (ein paar Straßenbahnentgleisungen und Drohungen gegenüber potentiellen Streikbrechern ausgenommen) und keine Toten. Die fast perfekte Disziplin ermög-

lichte es Seguí, auf dem Papier recht günstige Bedingungen auszuhandeln: Anerkennung der Gewerkschaft, Wiedereinstellung der entlassenen Arbeiter, geringe Lohnerhöhungen seitens der Gesellschaft; und von der Regierung die Zusage, die 3000 Verhafteten schnell wieder freizulassen.

Am 21. März nahm die Stadt die Arbeit wieder auf, doch der Generalkapitän weigerte sich, die Gefangenen freizulassen, und so fand vom 24. März bis zum 14. April ein weiterer Generalstreik statt. Dieser zweite Streik endete im Hinblick auf die Freilassung der Gefangenen unentschieden, erzwang aber eine Regierungserklärung, ab Oktober 1919 in der gesamten Industrie in Barcelona den 8-Stunden-Tag einzuführen.

Der Generalstreik von Februar-März 1919 ist ein einmaliges, sehr eindrucksvolles Beispiel für das disziplinierte Handeln der Arbeiterklasse unter anarcho-syndikalistischer Führung. Bis heute hat die Moral der spanischen Linken von ihm gezehrt, doch die durch den Streik erzwungene Zusage wurde nur zu bald wieder zurückgenommen. Romanones hatte den Zivilgouverneur Rothwos (der den Verhandlungen ablehnend gegenübergestanden hatte) durch einen verhandlungsbereiten katalanischen Ingenieur, Carlos Montañes, ersetzt. Dieser aber konnte den Generalkapitän nicht unter Kontrolle halten, und letzterer setzte, in seiner Eigenschaft als oberster Verteidiger der »öffentlichen Ordnung« in Katalonien, Gouverneur Montañes in den Zug nach Madrid. Im Laufe des Sommers ließ ein anderer verhandlungsbereiter Zivilgouverneur, Julio Amado, einige der 3000 Inhaftierten frei, und im November unterzeichnete er ein symbolisches Abkommen mit Seguí, in dem er die CNT als »Verhandlungspartner der Nation« anerkannte. Der 8-Stunden-Tag aber wurde nie in die Praxis umgesetzt, und einige Arbeitgeber in Barcelona nahmen im Winter 1919/20 Aussperrungen vor.[6] Die wirtschaftliche Lage nach dem Krieg beraubte die Arbeiter der Verhandlungsstärke, die sie 1916-18 besessen hatten, und die Jahre 1920-22 erlebten unter der Regierung des »Zivil«-Gouverneurs General Martínez Anido ein gleichbleibend hohes Maß an Gewalttätigkeiten.

Mindestens ein halbes Dutzend namentlich bekannter Gruppen trugen das ihrige zu verschiedenen Formen erpresserischer und physischer Gewalt bei: Minderheiten, die innerhalb der weitgehend gewaltlosen CNT die »direkte Aktion« vertraten; »sindicatos libres«, die von überwiegend karlistischen Gedanken getragen und von Gouverneur Martínez Anido protegiert wurden, organisierten sich zur Bekämpfung der CNT.[7] Die Übrigbleibsel einiger Banden, die sowohl Arbeitgeber als auch Arbeiter während des Krieges erpreßt hatten; die Guardia Civil, das Militär und die Polizei von Barcelona – sie alle hatten Teil an der Gewalt gegen die Streikenden und fochten gleichzeitig untereinander komplexe Rivalitäten und Zuständigkeits-Konflikte aus. Insgesamt geschahen zwischen 1919 und 1923 mehr als 700 politische Attentate, die überwältigende Mehrheit davon in Barcelona. Unter den prominenten Opfern waren der Conde de Salvatierra, zur Zeit der Aussperrungen Ende 1919 Zivilgouverneur von Katalonien, der berühmte Arbeitsrichter Francesc Layret, Premierminister Eduardo Dato, Salvador Seguí, den man am 10. März auf offener Straße in Barcelona niederschoß, und Erzbischof Juan Soldevila von Saragossa, der am 4. Juni in Vergeltung für den Tod Seguís getötet wurde. Dieser

Zeitabschnitt war auch aufgrund des ausgedehnten Gebrauchs, den man von dem sogenannten »ley de fugas« machte, bemerkenswert, mittels dessen die Polizei ohne jegliche richterliche Anordnung Gefangene erschoß, von denen sie einfach behauptete, sie wollten sich der Festnahme entziehen.

1917 hatten die Offiziers-Juntas als Gegenleistung für ihr schnelles Eingreifen beim Niederwerfen des Eisenbahnerstreiks im Norden beschwichtigende Zusagen erhalten. Sold, Ausbildung und militärische Einrichtungen sollten verbessert und Beförderungen strikt nach der Anzahl der Dienstjahre vorgenommen werden. Außer einer bescheidenen Erhöhung des Soldes jedoch folgte diesen Versprechungen nichts. Die in Marokko dienenden Offiziere, bestanden weiterhin auf der Beförderung aufgrund besonderer Verdienste ohne Rücksicht auf das Dienstalter, und die Moral des Offizierskorps' als ganzes wurde untergraben von dem unwichtigen Konflikt zwischen den »junteros« mit ihrer regeneracionista-Rhetorik und den »africanistas« mit ihrer Verachtung für die Verwaltungsbeamten und Bürokraten auf der Halbinsel. Der offensichtliche Erfolg der Offiziers-Juntas im Sommer 1917 veranlaßte die Unteroffiziere dazu, »juntas de clases« zu bilden, um ihre eigenen Interessen zu vertreten. Im November bezeichnete die Regierung diese als »soviets« und entließ 47 ihrer Führer sofort aus dem Dienst. Im März 1918 gelang es ihr zudem, den aggressiven und eitlen Oberst Márquez von einem Tribunal von Kollegen aus der Armee ausstoßen zu lassen. Trotzdem gefährdete der Druck der Juntas auch die nachfolgenden Kabinette, und zwischen Juni 1917 und Dezember 1919 waren sie am Sturz von fünf Regierungen maßgeblich beteiligt.

Ende 1919 schränkte das Wiederausbrechen des Marokko-Krieges ihre Macht erheblich ein. Die Initiative der spanischen Militärs erschien als die notwendige Antwort auf die erneuten französischen Bemühungen, das gebirgige Landesinnere zu »befrieden«. Zur gleichen Zeit führte den marokkanischen Widerstand der fähigste aller einheimischen Führer an, Abd-el-Krim. Die spanische Besatzungszone umfaßte die ganze Mittelmeerküste von Melilla bis Ceuta, doch außerhalb der beiden Hafenstädte war die Kontrolle der Küste äußerst unzureichend. Es gab wohl verschiedene Pläne zur besonderen Überwachung der Bucht von Alhucemas und ebenso der wenigen Straßen und Städte auf dem Weg zum Rif-Gebirge; diese Pläne hingen jedoch sehr stark von der Haltung der ansässigen Stämme ab, und die spanischen Offiziere waren stolz darauf, daß ihre Kontrolle über Marokko nicht nur auf militärischer Tüchtigkeit, sondern auch auf der Zustimmung der Eingeborenen beruhte. Die spanisch-marokkanische Armee hatte sehr wenig Artillerie, wenig Lastwagen oder Lafetten und praktisch keine Gewehre und Maschinengewehre aus den Jahren 1914-18. Die Hälfte der eingezogenen Soldaten besaß keine Schuhe, und der Sold wurde normalerweise sechs bis zwölf Monate zu spät ausgezahlt. Von der Ausrüstung her fochten die spanischen Kontingente buchstäblich unter den gleichen Bedingungen wie der marokkanische Widerstand. Die Beschämung über die mangelnde Unterstützung seitens der Halbinsel verwandelte sich zur Ehrensache, die Eingeborenen zu versöhnen und, wenn nötig, unter gleichen Bedingungen zu bekämpfen.

Im Frühjahr 1921 lagen die Operationen in Marokko in den Händen von zwei Generälen, die dasselbe Dienstalter

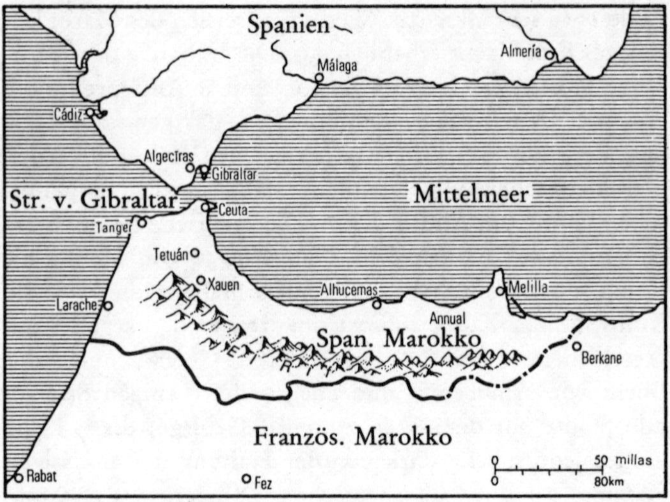

Spanisch Marokko

hatten und sich der gleichen königlichen Gunst erfreuten: Dámaso Berenguer als Hochkommissar *(Alto Comisario)* und Fernández Silvestre als Kommandeur der Truppe. Berenguer war bekannt für seine Vorsicht, Silvestre für seine Tapferkeit und sein Ungestüm. Beide stimmten im Hinblick auf die strategischen Pläne vollkommen überein, aber Berenguer zweifelte an der Durchführbarkeit einer Offensive in Richtung Alhucemas. Er hatte auch die Besetzung einer Reihe von in den Hügeln des Annual-Gebietes gelegenen Städten nicht besonders gutgeheißen, vor allem deshalb, weil die vorrückenden Truppen sogar für das Trinkwasser auf Maultiertransporte angewiesen wären.

Abd-el-Krim ergriff die Gelegenheit, die zu weit auseinandergezogene und nur mangelhaft versorgte Kolonne Silvestres aufzureiben. Sein Angriff am 21. Juli 1921 fiel zusammen mit dem massenhaften Überlaufen der Eingeborenenpolizei der für befriedet gehaltenen Dörfer. Die spanischen Truppen gerieten in Panik und zogen sich Hals über Kopf nach Melilla zurück. Schätzungen der spanischen Verluste reichen von zehn- bis ungefähr neunzehntausend Toten; eine spätere Untersuchung der Cortes bezifferte die Anzahl der Toten auf 13 192.[8] General Silvestre wurde auf dem Rückzug getötet, seine Leiche niemals gefunden. In den folgenden neun Monaten eroberte Spanien zwar das verlorene Gebiet zurück, die Besetzung der Bucht von Alhucemas aber mußte auf unbestimmte Zeit verschoben werden.

Die Reaktionen auf der Halbinsel enthüllten den ganzen Zwiespalt der Gefühle Spaniens im Hinblick auf die Marokko-Frage. Der Führer der Konservativen, Antonio Maura, wollte das Protektorat erhalten, bestand aber darauf, das kostspielige militärische Engagement zu reduzieren. Statt dessen schlug er vor, die Küstenstädte zu verstärken und das spanische Gebiet von dort aus zu regieren. General Berenguer betonte, die Franzosen würden das ganze Landesinnere schlucken, wenn Spanien die innerhalb seines Gebiets gelegenen Städte im Inland nicht besetzen würde. General Primo de Rivera bemerkte, daß – solange die Straße von Gibraltar praktisch internationalisiert sei – militärische Präsenz an der marokkanischen Küste für die Verteidigung der spanischen Halbinsel nicht notwendig sei, und er ging sogar so weit, zu behaupten, die Anwesenheit der spanischen Soldaten in Marokko schwäche Spaniens militärische Kapazität zur Verteidigung des Mutterlandes. Alejandro Lerroux unterstützte in den Jahren 1919-23 die Sache der Africanistas, und Niceto Alcalá-

Zamora, der künftige Präsident der spanischen Republik, zog die militärische Verwaltung des besetzten Gebiets einer zivilen vor, im Gegensatz zu Alba und Romanones, die einer zivilen den Vorrang gaben.[9] Charakteristisch für diese Jahre waren auch gelegentliche anti-imperialistische Demonstrationen, bei denen Abd-el-Krim »vivas« (viva-Rufe) erhielt, und letzterer konnte sich aus der spanischen Presse leicht selbst über die erneute Diskussion über eine Invasion der Bucht von Alhucemas informieren.

Insgesamt gesehen, waren für die ständigen parlamentarischen »Krisen«, die häufigen Umbesetzungen von Ministerien, die während der Jahre 1919-23 vor sich gingen, die soziale Gewalt in Barcelona und der Marokko-Krieg verantwortlich. Es kam zu einer sich lang hinziehenden Untersuchung über die »Zuständigkeiten« für das Desaster bei Annual. Zivilpolitiker wollten die Verantwortlichkeit dem Militär zuschieben, und als sie die »Legitimität« sowohl der Juntas als auch der Initiativen der Africanistas in Frage stellten, stellte das Militär umgehend die »Legitimität« der Zivilpolitiker in Frage, die ihre Position manipulierten Wahlen verdankten. Die Sozialisten waren seit der Niederschlagung des Generalstreiks im Jahre 1917 äußerst verbittert über Alfons XII., und Indalecio Prieto stand an der Spitze derer, die den König als in irgendeiner Weise für Annual verantwortlich in Mißkredit brachten. Ein Beweis wurde dafür zwar niemals gefunden, doch die Neigung des Königs, sich in militärische Ernennungen einzumischen, war wohlbekannt, und das Verschwinden wichtiger Dokumente aus den Ministerien war sicherlich kein ungewöhnliches Phänomen. So genügten Schlußfolgerungen, die auf ein früheres Verhalten des Königs zurückgingen, um ihn in den Augen seiner Feinde zu verurteilen.

Die Armee dagegen fühlte sich zunehmend von der öffentlichen Meinung und einer Zivilregierung im Stich gelassen, die ihr die geringste finanzielle und moralische Unterstützung, die sie für ihre Mission, Nordafrika zu »zivilisieren«, so dringend nötig hatte, verweigerte.

1922 waren alle Bevölkerungsschichten von dem bestehenden politischen System gründlich enttäuscht. Die Grundbesitzer, aus deren Mitte der größte Teil der zivilen Führung stammte, waren von der pro-bolschewistischen Agitation der Bauern erschreckt worden, obwohl sie in der Praxis keinerlei Verluste erlitten hatten. Die katalanischen Industriellen, Geschäftsinhaber und Fabrikarbeiter waren sämtlich des ständigen Kreislaufs von Terrorismus und Unterdrückung überdrüssig. Die Nachkriegsdepression in der asturischen Kohle-Industrie bedingte eine Reihe von Streiks und Aussperrungen, verbunden mit Bemühungen der Arbeiter und auch der Firmenführungen, die spanische Regierung dazu zu bringen, ausschließlich asturische Kohle für die Eisenbahn und Kriegsschiffe zu kaufen. Die wirtschaftliche Unsicherheit trug zur politischen Unzufriedenheit bei, und die Moral sowohl der Armee als auch der Politiker wurde zersetzt von den unwürdigen Bemühungen aller Parteien, die Schuld an der schwierigen Lage in Marokko irgend jemand anderem zuzuschieben.

Am 13. September 1923 kam die Rettung in Form eines sorgfältig geplanten Staatsstreichs durch den Generalkapitän von Katalonien, General Primo de Rivera. In der langen Kette spanischer Militärdiktatoren zeichnet sich Primo de Rivera aus durch die Großzügigkeit seines Denkens, die seltsame Mischung von Tugenden und Schwächen, die er niemals zu verbergen suchte, einen deftigen Sinn für Humor und das Fehlen vorsätzlicher

Grausamkeit. Er stammte aus einer in Andalusien ansässigen Familie, und unter seinen Vorfahren befanden sich mehrere bemerkenswerte militärische Persönlichkeiten. Aufgrund von »méritos de guerra« in Melilla im Jahre 1894 und auf Kuba und den Philippinen zwischen 1895 und 1897 befördert, kannte er aus persönlicher Erfahrung sowohl die kleinen Triumphe als auch die großen Desaster der Kolonialkriege. Seine Felderfahrung wurde ergänzt durch Dienste im Generalstab (1905-07) und anschließend als militärischer Beobachter in Frankreich, der Schweiz und Italien. Im Ausnahmezustand des August 1909 meldete er sich unverzüglich zum Dienst in Marokko, und in den Jahren zwischen 1912 und 1920 diente er als Militärgouverneur von Cádiz und als Generalkapitän in Valencia und Madrid. Mit den *junteros* und *africanistas* stand er auf gutem Fuß, und er hatte unter den zivilen Führern in Madrid und Barcelona zahlreiche Freunde. Er war gefühlsbetonter Katholik und Patriot und seit 1908 auch Witwer mit sechs Kindern. Nachdem er beträchtliche Erfahrungen in der Verwaltung und Kontakte mit Zivilpersonen gesammelt hatte, sah er sich 1918 selbst in zwei nicht-militärischen Rollen: derjenigen eines »Regenerators« im Sinne Joaquín Costas oder Antonio Mauras und derjenigen des politischen Journalisten. Gern hätte er Cádiz im Senat vertreten, doch der liberale örtliche Kazike widersetzte sich seiner Kandidatur. Er rächte sich später dafür, indem er die »korrupten Zivilpolitiker« beiseitefegte, und sein journalistischer Ehrgeiz nahm häufig die Form von Regierungskommuniqués an, die seinen ihm eigenen, letztlich langweiligen Prosastil widerspiegelten.

Zur Zeit des *pronunciamiento* verbrachte der König seinen Urlaub in San Sebastián. Wie im Falle von Annual gibt es keinen eindeutigen Beweis für eine vorherige betrügerische Absprache, aber indem er sich weigerte, sich von dem General zu distanzieren, stimmte er im wesentlichen der Auflösung der parlamentarischen Regierungsform zu, wie sie seit 1876 bestanden hatte. Primo selbst wies immer wieder auf die zeitliche Begrenzung des militärischen »Direktoriums« hin, dessen Pate er war. Die hervorragende Verfassung von 1876 war keineswegs abgeschafft. Sie wurde lediglich »aufgehoben«, so daß Primo, der den Willen des »gesunden Volkes« vertrat, die unfruchtbaren Debatten in den Cortes abschaffen und die korrupte »clase política« der von Zwietracht zerrissenen konservativen und liberalen Parteien aus dem Amt entfernen konnte.

Die neue Diktatur bemühte sich erfolgreich um die Unterstützung von Industrie und Grundbesitzern, der Kirche und der UGT. Die ersten drei Elemente waren charakteristisch für den italienischen Faschismus und die Diktaturen in Mitteleuropa und dem Baltikum in den 20er Jahren. Die erfolgreiche Zusammenarbeit mit den Sozialisten war für die spanische Diktatur einmalig. Der wirtschaftliche Aufschwung in Europa und in den Vereinigten Staaten kam natürlich auch der spanischen Wirtschaft zugute; Stahl-, Zement-, Elektrizitäts-, Pottasche- und verschiedene metallverarbeitende Industrien setzten die Expansion fort, die zwischen 1918 und 1921 unterbrochen worden war. Zusätzlich zu dem herkömmlichen Schutzzoll förderte der Diktator das Wirtschaftswachstum durch staatliche Investitionen. Die Kohle- und Stahlindustrie konnte bei der Verbesserung des Eisenbahnwesens auf finanzielle Unterstützung der Regierung rechnen. Ein Straßennetz sollte den internationalen Handel erleichtern und Touristen anziehen. Beide Investitionen sollten Multiplikatoreffekte auf Hotels, Restaurants, technische Anlagen und Dienstleistungsunternehmen aller Art haben. Bezeichnend für eine Form des Regenerationismus und für die teilweise Erfüllung der Voraussagen Joaquín Costas war das Lancieren neuer Bewässerungs- und Wiederaufforstungsprojekte im Ebro-Tal.

Das Geld für diese Projekte wurde hauptsächlich dadurch beschafft, daß die Regierung in Übereinstimmung mit einem neuen Bankgesetz von 1918 Anleihen machte. Im 19. Jahrhundert hatte die Regierung Anleihen direkt bei der Bank von Spanien gemacht, und diese privilegierte Emissions-Bank wiederum hatte sich das Geld beschafft, indem sie es druckte. Dieser Vorgang wiederum war verantwortlich für die beständige Abwertung der Peseta. Die Reformen von Villaverde im Jahre 1899 und später der Wohlstand der Kriegsjahre hatten die Defizite im Budget ausgeglichen und es für die Regierung unnötig gemacht, Geld zu drucken. 1918 sahen die Finanzberater der Regierung die Notwendigkeit des Wirtschaftswachstums im Inland voraus und suchten nach einer Methode, die gleichzeitig das Ausmaß der neuen Staatsverschuldung vertuschen und bei den Privatbanken unmittelbares Interesse an den Ausgaben der Regierung wecken sollte. Nach dem neuen Gesetz wurden die Schuldscheine der Regierung immer noch von der Bank von Spanien ausgestellt. Aber alle Kommerz-Banken, Sparkassen und Versicherungsgesellschaften hatten das Recht, an den Staatsanleihen 5% zu verdienen, während sie an die Bank von Spanien nur 4,5% abgaben. Auf diese Art belohnte die Regierung die Privatbanken für die Übernahme der Haftung bei ihren Investitionen. Die Regierung Primo bot zudem günstige Investitions-Bedingungen für ausländisches Kapital, so daß sich

sowohl spanische als auch ausländische Industrielle im allgemeinen von seiner Politik begünstigt fühlten.
Schutzzölle wahrten die Interessen der Grundbesitzer, und diese waren besonders dankbar für die Wiederherstellung der öffentlichen Ordnung bzw. dessen, was sie darunter verstanden. In den ländlichen Bezirken Andalusiens war die bolschewistische Propaganda noch in frischer Erinnerung. Primo unterdrückte die CNT und die winzige kommunistische Partei. Auf den Landstraßen patroullierten nicht nur die Guardia Civil, sondern auch die *somatén*, und in vielen Provinzstädten ernannte die Regierung einen »militärischen Delegierten«, der ausdrücklich dafür verantwortlich war, die Überbleibsel des korrupten parlamentarischen Regimes auszumerzen, dessen Vorhandensein aber auch die linken »Agitatoren« entmutigen sollte.
Aktiv umwarb das Regime die Kirche. Im Februar 1924 wurden durch ein königliches Dekret diejenigen Lehrer vom Dienst suspendiert, deren Einstellung »Vaterland und Religion beleidigte«. Beamte und Angehörige des Militärs sollten sich bei allen öffentlichen Feiern als Katholiken zeigen. Bei Abiturprüfungen wurde gesteigerter Wert auf Religion gelegt und die kleine protestantische Gemeinde in zunehmendem Maße von der Verwaltung belästigt. Im März 1919 hatte der König Spanien offiziell dem Heiligen Herzen Jesu geweiht. Im November 1924 besuchten er und der Diktator den Vatikan. Sie kündigten dem einigermaßen erstaunten Pius XI. an, daß Spanien, sofern nötig, kein Opfer für einen neuen Kreuzzug für den Glauben scheuen würde. Pius XI. sprach von dem Bedürfnis nach Frieden und Barmherzigkeit und merkte ruhig an, daß seine Gebete auch diejenigen Spanier einschließen könnten, die sich dem Heiligen Herzen verweigerten. Daheim

wurde die Kirche durch den Beschluß der Regierung zufriedengestellt, die Abschlüsse der kleinen privaten katholischen Universitäten mit denen der staatlichen Universitäten gleichzusetzen. Im allgemeinen erfuhren die geistigen und erzieherischen Forderungen der Kirche unter der Regierung Primo de Riveras mehr Anerkennung als unter jeder anderen spanischen Regierung zwischen 1840 und 1923, eine Tatsache, die vielleicht dazu beiträgt, die Auswüchse kirchenfeindlicher Gefühle während der ersten Jahre der Republik zu erklären.

Von Anfang an suchte Primo de Rivera die Unterstützung der sozialistischen Arbeiterschaft. Eine seiner ersten Amtshandlungen war es, sich mit Manuel Llaneza zu beraten, dem Führer der 20 000 Mitglieder starken Bergarbeitergewerkschaft. Von der Qualität her konnte die asturische Kohle nicht mit der englischen konkurrieren. Llaneza und die Führung der UGT waren im allgemeinen der Überzeugung, Primo protegiere die Lohnsätze und den inländischen Markt so erfolgreich, wie es unter den eindeutig ungünstigen wirtschaftlichen Umständen eben möglich sei.[10] Der Diktator richtete auch *comités paritarios* ein, örtliche Schiedsgericht-Kommissionen, die über die Löhne in der Landwirtschaft und der Industrie verhandelten. Über die Ergebnisse steht keine detaillierte Studie zur Verfügung, aber aufgrund der Tatsache, daß Largo Caballero als Verantwortlicher für Arbeitsangelegenheiten in der Regierung saß und Besteiro die Zusammenarbeit der UGT mit dem Regime befürwortete, ist es gerechtfertigt anzunehmen, daß die Sozialisten wenigstens mit den Plänen des Diktators zufrieden waren.

Das Militär stand Primo anfangs eher zurückhaltend denn begeistert gegenüber, doch der einzige wichtige Erfolg seines Regimes, nämlich die Beendigung der aktiven militärischen Phase in der Besetzung Marokkos, zog den Großteil des Offizierskorps' auf seine Seite. Primo war in der Armee für seine Äußerungen nach Annual bekannt, in denen er für ein vermindertes militärisches Engagement im Protektorat eingetreten war. Bei seinem ersten Marokkobesuch als Diktator buhten ihn einige der örtlichen Offiziere aus, als er seine Vorstellungen von einem Rückzug auf zwei strategisch wichtige Stützpunkte darlegte: Melilla im Osten und Xauen im Westen. Später servierten sie ihm ein ausschließlich aus *huevos* (Eiern) bestehendes Mittagessen, eine nicht sehr subtile Andeutung, daß das, was in der Marokko-Politik vonnöten sei, der Beweis männlichen Mutes sei. Primo beschränkte sich darauf, Oberstleutnant Francisco Franco, den Führer der Fremdenlegion, zu tadeln; ansonsten wartete er den rechten Augenblick für ein militärisches Eingreifen ab. Ein Jahr später lieferte ihm Abd-el-Krim die ideale Gelegenheit, dieses Problem zu lösen. Indem er das Signal zum Großangriff auf die Franzosen gab, zwang der marokkanische Häuptling die beiden europäischen Besatzungsmächte zur Kooperation, denn nur so konnten sie ihre Einflußgebiete retten. In einem gemeinsamen Feldzug wurde am 8. September 1925 durch eine Landungsoperation der Spanier die Bucht von Alhucemas erobert. Der Diktator war zugegen, General José Sanjurjo leitete die Operationen, und seine obersten Stabsoffiziere, die Obristen Franco, Goded und Fanjul, sollten im Februar 1926 für ihre Rolle bei der Einnahme eines strategischen Küstenstrichs, der sich der spanischen Kontrolle seit der Errichtung des Protektorats entzogen hatte, zu Generälen ernannt werden. Abd-el-Krim ergab sich am 22. Mai 1926 den Franzosen, und gegen Ende des

Jahres waren die Kämpfe, die Spanien seit 1909 etwa 50 000 Tote gekostet hatten, vorüber. Es ist jedoch irreführend – wie die meisten Historiker es tun – zu behaupten, daß der Marokko-Krieg »geendet« habe. Guerilla-Aktivitäten und Säuberungs-Aktionen zehrten weiterhin an den spanischen Mitteln, und der Krieg endete erst mit der Unabhängigkeit Marokkos im Jahre 1956. Nach dem Sieg in Marokko war sich Primo des Problems der Arbeitslosigkeit unter den entlassenen Soldaten und Offizieren bewußt. Er gründete eine *Junta Clasificadora de Destinos Públicos,* die in den folgenden zwei oder drei Jahren Abteilungen der Post, Polizei und Feuerwehr sowie der Zivilverwaltung mit Veteranen des Marokko-Krieges füllte.

Man kann also sagen, daß es General Primo de Rivera schließlich Anfang 1928 gelang, Kapital, Kirche, Militär und die Sozialisten unter seiner Führung miteinander auszusöhnen. Doch in Wirklichkeit waren die scheinbare Einheit und der scheinbare Wohlstand sehr zerbrechlich. Zwei wichtige Gruppen drängte Primo sofort in die Opposition: die Katalanen und die Intellektuellen. Er war in Barcelona sehr beliebt gewesen, hatte Artigkeiten über *sardanas* und andere folkloristische Aspekte der katalanischen Kultur zu sagen gewußt. Viele katalanische Industrielle hatten sein *pronunciamiento* unterstützt und waren nun unangenehm überrascht, als er das Mancomunitat unterdrückte, das seit 1914 gut funktioniert hatte. Er versuchte schnell, sie zu besänftigen, indem er die Einrichtung der nationalen *somatén* forderte, die nach dem Muster der Bürgerwehr für ganz Spanien gedacht war. Die Cambó-Partei sollte ihn darin bis zum Ende unterstützen, aber alle Zentrums- und Linksparteien in Katalonien widersetzten sich seiner Herrschaft, wenn auch ohne wirkungsvolle

Maßnahmen. Primo beleidigte außerdem von Anfang an die Intellektuellen. Er war sich seiner eigenen guten Absichten und der Unterstützung der breiten Öffentlichkeit vollkommen sicher und reagierte heftig auf diejenigen, die es wagten, Kritik an der Legalität seiner Herrschaft zu üben: Unamuno wurde seines Rektorats in Salamanca enthoben, das Madrider *Ateneo* im Februar 1924 geschlossen. In einem seiner »journalistischen« Kommuniqués erklärte er dem hitzigen Professor, »ich glaube, daß ein bißchen hellenische Kultur nicht dazu berechtigt, gegen alles Menschliche und Göttliche vorzugehen und sich über alle sonstigen Fragen auszulassen«. Der Erneuerer, der sich über alle menschlichen und göttlichen Fragen auslassen sollte, war der paternalistische Diktator. Weit davon entfernt, sich selbst als Despoten zu betrachten, bestand er eher auf der temporären Natur seiner Herrschaft und seiner Loyalität gegenüber der Verfassung von 1876. So erklärte er am 2. Dezember 1926, als er die Umwandlung des militärischen in ein ziviles »Direktorium« ankündigte: »Ich halte es einstweilen noch für unerläßlich, die Suspendierung der Gesetze der Verfassung vom 30. Juni 1876 aufrechtzuerhalten, ohne die Absicht, sie zu verändern noch uns von ihrem Geist zu entfernen; die Gesetzgebung erfolgt allerdings durch Dekrete ... in der Absicht, die Zeit wiederaufzuholen und die Effektivität zurückzugewinnen, welche das vorherige Regime mit all seinen Lähmungen, Korruptionen und Schwächen bei dem Ringen um das Erstarken der Nation hat verlorengehen lassen.« Turno-Politiker wie Santiago Alba und der Conde Romanones, »intelectualillos« wie Unamuno, Dr. Marañón und Dutzende von weniger berühmten Professoren sollten eine mehr oder weniger lange Zeit im Exil in Paris verbringen.

Verschwörungen prominenter Feinde sollten mit kurzen Gefängnisstrafen geahndet und mit Geldstrafen, die sich nach der Zahlungsfähigkeit richteten, belegt werden. So verhängte er im Juli 1926 nach der sogenannten »Verschwörung der Johannes-Nacht« (unter anderem) folgende Geldbußen: für den Conde Romanones 500 000 Pesetas, für General Valeriano Wyler 100 000, Dr. Marañón 100 000, General Domingo Batet 15 000 und Marcelino Domingo (republikanischer Journalist) 15 000. Dem Komitee, das ihm zu diesen Geldbußen riet, gehörten ein Geistlicher, ein Madrider Richter und eine Dame von der Beneficencia an, die dieses Geld erhalten sollte.[11]

Der Stil des Diktators war in kleinen Dosierungen unterhaltsam und seine Herrschaft erträglich, solange der Wohlstand andauerte. Aber er langweilte und verstimmte bald diejenigen Akademiker, Intellektuellen und Studenten, die selbständig dachten und an die Bedeutung der demokratischen Freiheiten glaubten, die während der Restaurations-Monarchie in den größeren Städten aufgeblüht waren. Sein Antiintellektualismus und seine sentimentale Frömmigkeit ließen ihn die Achtung manches zivilen, weltlich orientierten Konservativen verlieren. Als er eine politische Bewegung zu bilden versuchte, die seine Herrschaft institutionalisieren sollte, war die *Unión Patriótica* mangels Begeisterung selbst in der reichen Bourgeoisie, deren Interessen er vertrat, erfolglos. Innerhalb der Arbeiterklasse war ein beträchtlicher Teil der UGT gegen eine Kollaboration ihrer Führer, und die verfolgten Anarcho-Syndikalisten gingen von der Einheitsgewerkschaft des Segiú-Pestaña-Typs zu den konspirativen, gewalt-orientierten Grundsätzen der neu gegründeten *Federación Anarquista Ibérica* (FAI, 1927) über.

Die gesamte Wirtschaftspolitik des Diktators wurde von einem grundlegenden Widerspruch beherrscht. Einerseits wollte er das industrielle und landwirtschaftliche Wachstum fördern, das allen Schichten der Bevölkerung zugute kommen sollte, und bis zu einem gewissen Grade war er sogar der erste »Ankurbler« im Sinne Keynes'. Andererseits unternahm er keinerlei Anstrengungen, vorhandene Klassenprivilegien abzubauen, und an der Befähigung oder Ehrlichkeit von Regierungsbeamten oder Mittelsmännern bei der Abwicklung von Verträgen war er wenig interessiert. Ideologisch gesehen war die interessanteste seiner Bemühungen das Lancieren der *política hidráulica* in der Form der *Confederación del Ebro* unter der Ägide des Ministers für öffentliche Arbeit, dem Conde de Guadalhorce, und der technischen Leitung eines sehr fähigen und integren Ingenieurs, Manuel Lorenzo Pardo. Die *Confederación* wurde als regionaler Entwicklungsplan für die Bewässerung der Felder, Elektrizität, Verbesserungen in der Schiffahrt und die Wiederaufforstung betrachtet. Die örtliche Bevölkerung sollte, auf der Grundlage von demokratischen Wahlen, die verschiedenen wirtschaftlichen Unternehmungen lenken, aber unglücklicherweise besaß sie weder das technische Verständnis noch die finanziellen Mittel, um diesen Aufgaben gerecht zu werden. Millionen wurden für ungeheure Verträge für Zementkäufe und die Gehälter überflüssiger Ingenieure und Geschäftsführer vergeudet. Die katalanischen Interessen widersetzten sich der Kontrolle des Ebro-Projekts von Saragossa aus. Die Industrie wollte billige Elektrizität und kümmerte sich nicht um Land- oder städtische Arbeiterschaft oder ökologische Gewinne. Bis 1930 waren bescheidene 72 000 Hektar bewässert worden, und eine Reihe wichtiger Kanäle und

Dämme befanden sich im Bau, doch die ganze finanzielle Abwicklung war von der *Confederación* auf die Banco Hispano Americano übergegangen. Verträge über die Konstruktion von Eisenbahnen und Landstraßen waren ebenso sehr von zahlreichen Bestechungen wie von den hohen unbesteuerten Gewinnen der größeren Banken begleitet. Hohe Zolltarife schützten die unzureichenden Düngemittel-Industrien und die wenigen Hersteller von landwirtschaftlichen Maschinen.[12]

Die wichtigste Einzelperson unter den Kapitalisten, die von dem höchst willkürlichen Regime General Primo de Riveras profitierte, war Juan March. Seit Jahrzehnten war der Tabakimport Monopol der Regierung und eine wichtige Einnahmequelle gewesen. In den ersten Jahren des 20. Jahrhunderts hatte March ein Vermögen zusammengetragen, indem er Tabak auf Barkassen ins Land schmuggelte, die schneller waren als die spanischen Zollschiffe. Während des Krieges von 1914-1918 hatte er deutsche U-Boote nicht nur mit Treibstoff, sondern auch mit Informationen über die Bewegungen der alliierten Schiffe versorgt. Gleichzeitig hatte er damals den Engländern als Gegenleistung für ihre guten Dienste, die sie den Franzosen erwiesen hatten, deren Unterstützung er für seine Außenhandelsaktivitäten in Nordafrika brauchte, ebenfalls Informationen über Schiffsbestände geliefert. Man glaubte allgemein, er habe den Meuchelmord an Rafael Garau finanziert, dem Sohn seines Geschäftspartners, der sich von ihm getrennt hatte. Gerichtliche Nachforschungen konnten seinen Schmuggel-, Spionage- und Killer-Aktivitäten zwar niemals auf den Grund kommen, doch die Indizienbeweise waren erdrückend. Cambó hatte als Finanzminister 1921 eine ganze Reihe von Marchs Barkassen und Tabak-Lagerhäu-

sern konfisziert, und in den ersten Tagen seiner Herrschaft hatte Primo de Rivera versprochen, Spaniens reichsten Schmuggler zu bestrafen. Bei einer persönlichen Begegnung war der Diktator von March jedoch sehr beeindruckt. Letzterer beteiligte sich großzügig an den Kosten des Alhucemas-Feldzuges, und 1927 gewährte ihm der dankbare Diktator das Tabak-Monopol in den marokkanischen Häfen von Melilla und Ceuta.[13]
Ein weiteres Monopol gewährte die Regierung Primo der Internationalen Telefon- und Telegrafen-Gesellschaft für das spanische Telefonnetz. Durch eine königliche Verfügung im August 1924 wurde mit der ITT ein Vertrag geschlossen, der sie von allen spanischen Steuern befreite und ihr eine Rückzahlung in Höhe von zehn Prozent für Netto-Investitionen, Nicht-Einmischung der spanischen Gerichte in die Lohnstruktur und das Monopol für die Lieferung und Instandsetzung der gesamten technischen Einrichtungen garantierte. Spanien bekam als Gegenleistung für die hohen Gebühren, die die Gesellschaft festsetzte, ein wesentlich leistungsfähigeres und ausgedehnteres Telefonnetz. Zahlreiche wichtige Persönlichkeiten (abgesehen von Primo selbst) erhielten von der Gesellschaft Geldzuwendungen.
In den meisten seiner ökonomischen Entscheidungen war Primo einzig und allein an dem interessiert, was – seiner Meinung nach – zum Wirtschaftswachstum beitrüge, sei es durch private oder öffentliche Unternehmungen bzw. in- oder ausländische Finanzierung. Im Falle des Öls jedoch galt sein Einsatz möglichen militärischen Interessen und ließ ihn, als sein begabter junger Finanzminister José Calvo Sotelo die Errichtung eines Regierungsmonopols vorschlug, dieser Idee zustimmen. Calvo hatte die Absicht,

Spaniens Versorgung vor der internationalen oligarchischen Kontrolle durch die beiden Riesen Royal Dutch Shell und Standard Oil zu schützen und zudem staatliche Einnahmen (Spaniens Staatsverschuldung stieg während der Primo-Ära beinahe auf das Doppelte) und niedrige Preise für die spanischen Verbraucher zu sichern. Gemeinsam traten der Diktator und sein Minister den Boykott-Drohungen des kapitalistischen Kartells entgegen. Dabei half ihnen der Umstand, daß ein kleiner Teil ihrer Ölversorgung schon aus sowjetischen Quellen gedeckt wurde und ihr mächtiger kapitalistischer Freund Juan March an größeren sowjetischen Lieferungen nach Spanien interessiert war. Das Öl aus Baku wurde von der Sociedad Porto Pi verschifft, deren Hauptaktionär Juan March war. Porto Pi war froh, an die Stelle von Shell und Standard zu treten. Die Compañia Arrendataria del Monopolio de Petroleos, Sociedad Anónima (CAMPSA) wurde als private Aktiengesellschaft privilegiert – mit Vetorecht in der Regierung. Vom 1. Januar 1928 an fungierte sie als Alleinversorger Spaniens, und bis zur Depression im Jahre 1932 waren ihre Lieferungen und Profite ständig im Wachsen begriffen.

Zwei weitere ökonomische Gegebenheiten verdienen kurze Erwähnung: Steuerreform und Währungspolitik. 1925 schlug Calvo Sotelo mit Nachdruck sowohl eine abgestufte Einkommenssteuer als auch eine Luxus- und Gewinnsteuer vor. Beide Vorschläge appellierten an das soziale Gerechtigkeitsgefühl des Diktators, der jedoch feststellen mußte, daß die gesamte kapitalistische Klasse ihn des Bolschewismus beschuldigte. Er war gegen diese mächtigste Klasse, die sein Regime stützte, wehrlos, und um wenigstens sein Gesicht zu wahren, ließ er Einkommens- und Gewinnsteuern fallen und erhöhte die indirekten Steuern. Indem er auf den Rat Calvo Sotelos hörte und denjenigen Cambós verwarf, versuchte er, die Peseta wieder auf die Goldparität von 25 zum britischen Pfund aufzuwerten, die sie vor 1914 besessen hatte. Mit dieser Politik folgte er dem Beispiel des britischen Finanzministers Winston Churchill, der 1924 das Pfund wieder auf seinen Stand von 1914 brachte. In der Zeit von 1924-28 stieg die Peseta allmählich auf 80 Prozent ihres Wertes von 1914. Diese Politik machte Spaniens Exporte im internationalen Wettbewerb unverhältnismäßig teuer, doch die Regierung war stolz darauf, daß die Peseta an der internationalen Börse als »harte« Währung galt. Gerüchte, Spanien würde bald zur Goldwährung zurückkehren, veranlaßten Ausländer 1926-27 zu spekulativen Käufen. Als sich 1928 abzeichnete, daß Spanien die Goldwährung nicht wieder einsetzen würde, verkauften die Spekulanten ihre Pesetas. Calvo Sotelo dezimierte daraufhin in einem vergeblichen Bemühen, den hohen Kurswert der Peseta zu halten, Spaniens eigene Devisenguthaben im Ausland. Der Diktator hatte die Aufwertung der Peseta stets öffentlich bekannt gegeben, und ihre Wertminderung in den Jahren 1928-29 trug daher noch dazu bei, die Glaubwürdigkeit der Regierung zu untergraben.[14]

Ein weiterer Faktor, der schließlich Primos Autorität untergrub, war seine Auseinandersetzung mit dem Artillerie-Korps, die sich dann auch auf diejenigen ausweitete, die mit der Junta-Bewegung von 1917 sympathisiert hatten. Im Juni 1926 erklärte er in der ersten Euphorie über den Sieg in Marokko, Beförderungen für »méritos de guerra« (besondere Verdienste im Krieg), die die Armeereform von 1918 für illegal erklärt hatte, wieder einführen zu wollen.

Sofort protestierte das Artillerie-Korps, in dessen Reihen das Gefühl für berufliche Autonomie und strikte Einhaltung des Dienstalters besonders stark ausgeprägt war. Die Angelegenheit wurde dadurch gravierender, daß man erst kurz vorher den Vorschlag gemacht hatte, den Diktator zum Ehren-Oberst der Artillerie zu ernennen. Am 5. September verhängte Primo das Kriegsrecht und löste verärgert das Korps auf. Obwohl er es nach weniger als einem Jahr wieder einsetzen sollte, konnte er den Schaden, den seine Beziehungen zu den Offizieren der Artillerie erlitten hatten, nicht wieder gutmachen, und 1929, als einige der Offiziere sich bei militärischen Verschwörungen hervortaten, wurde das Korps erneut aufgelöst. Durch seine zahlreichen Einmischungen in Beförderungen und Einstellungen hatte Primo sich zudem viele Offiziere aller Waffengattungen entfremdet.[15] Natürlich hatte sich der König in den Jahren vor 1923 derselben Praxis schuldig gemacht, doch der König war wenigstens der konstitutionelle Oberbefehlshaber, während Primo ihrer Meinung nach lediglich einer von ihnen war, der eben zufällig als temporärer, nicht von der Verfassung gestützter Diktator regierte.

Im Januar 1930 endete die Diktatur und 15 Monate später die Regierung Alfons XIII. »nicht mit einem Knall, sondern mit einem Winseln«. Weder die Krise der Peseta noch die intellektuelle und studentische Opposition noch die Probleme mit dem Artillerie-Korps hatten irgendeinen spürbaren Einfluß auf das Leben der meisten Spanier. Aber das Gefühl der Demütigung angesichts des ständigen Herumfummelns und Improvisierens, der ständigen Ausweitung eines zugegebenermaßen illegalen Regimes, der Mischung von Unfähigkeit und Bestechlichkeit in wirt-

schaftlichen Angelegenheiten war weit verbreitet. Viele Parlamentarier, die vor 1923 noch Liberale waren, waren 1929 Republikaner geworden. Die Sozialisten waren enttäuscht von einer Regierung, die sie zwar »konsultiert« und in zahlreiche Regierungskommissionen berufen hatte, die aber (auf die Forderung der Bankiers hin) 200 Millionen Pesetas für Verbesserung im Eisenbahnbau und lediglich 20 Millionen für Arbeiterwohnungen (auf die Forderung der Sozialisten hin) investiert hatte.
Nachdem es Primo klar wurde, daß die öffentliche Unterstützung für ihn praktisch verschwunden war, befragte er hohe militärische Offiziere, ob sie seinem Verbleiben an der Macht positiv gegenüberstünden. Als sie sich nicht zu seiner Unterstützung zusammentaten, trat er zurück. In den folgenden Monaten experimentierte der König mit mehreren Militär-Kabinetten und sprach vage davon, die konstitutionelle Herrschaft wiederherzustellen. Am 17. August unterzeichneten in San Sebastián mehrere Republikaner (darunter Manuel Azaña und Alejandro Lerroux), drei Katalanen und der sozialistische Abgeordnete Indalecio Prieto ein Abkommen, in dem die Errichtung einer demokratischen Republik gefordert wurde, die Wahl einer verfassungsgebenden Cortes, völlige religiöse und politische Freiheit sowie der Entwurf regionaler Autonomie-Statute in den Cortes. Am 12. Dezember fand in Jaca ein erfolgloser Aufstand des Militärs statt, und der König schuf zwei republikanische Märtyrer, als er für die Kapitäne Galán und García Hernández das Todesurteil bestätigte. Am 12. April bewiesen Gemeindewahlen in allen Städten, in denen die Stimmen ehrlich ausgezählt wurden, daß die zum Ausdruck gekommene öffentliche Meinung die Monarchie deutlich abgelehnt hatte. Der König befragte darauf-

hin die militärischen Befehlshaber, ob sie geneigt seien, die Regierung zu verteidigen. Als klar wurde, daß dies nicht der Fall war, entschloß er sich dazu, ins Exil zu gehen, dankte aber nicht ab.

Kapitel III

Die Zweite Republik und der Bürgerkrieg

(1931-1939)

Der Übergang von der Monarchie zur Republik vollzog sich friedlich. Die Führer der Republikaner waren sich schon im voraus über die Zusammensetzung der provisorischen Regierung und die Einberufung einer verfassungsgebenden Cortes einig gewesen. Militär, Polizei und Guardia Civil waren neutral geblieben, republikanische und sozialistische Jugendorganisationen hatten während der ersten Tage zur Aufrechterhaltung der Ordnung beigetragen, und man nannte die Republik liebevoll »La niña bonita« (das hübsche kleine Mädchen). Die meisten Regierungen der Welt erkannten sie schnell diplomatisch an, doch gab es einige unmittelbare Anzeichen von Gefahr. Der Vatikan zögerte die Anerkennung hinaus, ein Konsortium holländischer und amerikanischer Banken stornierte ein der königlichen Regierung im Februar 1931 gewährtes 60-Millionen-Dollar-Darlehen, viel Kapital wurde nach Frankreich und in die Schweiz geschafft, und die Peseta, die sich Anfang 1931 langsam erholt hatte, verlor wieder an Wert.

In weniger als einem Monat kam es zu einer direkten Auseinandersetzung mit der Kirche. Am 7. Mai veröffentlichte Kardinal Segura, Erzbischof von Toledo und Oberhaupt des spanischen Klerus, einen Brief, in dem er die Republik mit der »gottlosen« kommunistischen Revolution in Bayern im Jahre 1919 verglich. Am 10./11. Mai wurden in Madrid und in im Süden gelegenen Städten etwa zwei Dutzend Kirchen niedergebrannt. Die Polizei und große Menschenmengen hatten tatenlos zugesehen, wie kleine Gruppen von Rowdys Feuer legten. In Barcelona, Valencia und Saragossa paßte eine kleine Anzahl aufgeschreckter Republikaner darauf auf, daß keine Kirchen angegriffen wurden. Zwei Tage lang verweigerte die Regierung Innenminister Miguel Maura die Erlaubnis zum Einsatz der Guardia Civil. Der Mehrheit des Kabinetts erschien es weniger arg, daß Klöster brennen würden als daß die Polizei auf »das Volk« schießen könnte, doch nach 48 Stunden gab sie ihre Zustimmung. Die Ordnung war bald wiederhergestellt, und glücklicherweise gab es keine Toten. Aber Kirchen waren niedergebrannt worden, die öffentliche Ordnung hatte einen schweren Schlag erlitten, und eine »linke« Koalitionsregierung war angesichts der Herausforderung wankend geworden. Das Syndrom rief in allen Teilen der Bevölkerung, die politisches Bewußtsein besaßen, unverzüglich Beunruhigung hervor. Am 22. Mai verkündete die Regierung völlige Religionsfreiheit. Am 30. Mai verweigerte der Vatikan dem kürzlich ernannten Botschafter Luis de Zulueta ihr *placet*. Am 3. Juni gaben die spanischen Bischöfe einen gemeinsamen Brief heraus, in dem sie die »Kultfreiheit« als Verletzung des bestehenden Konkordats bezeichneten. Sie verurteilten Pläne für eine Trennung von Kirche und Staat und protestierten dagegen, daß die kürzlich erlassenen Dekrete den obligatorischen Religionsunterricht in den öffentlichen Schulen aufhoben und Militär- und Regierungsbeamten die Teilnahme an öffentlichen religiösen Feiern verboten.

In der Zwischenzeit unternahm die Regierung Schritte in anderen kontroversen Bereichen. Der sozialistische Ar-

beitsminister, Francisco Largo Caballero, erließ Dekrete, die die Kleinbauern vor der Aufhebung von Hypotheken schützten, die Kultivierung brachliegender privater Ländereien förderten, die im Gesetz verankerte Unfallversicherung für Industriearbeiter auch auf die Landarbeiterschaft ausdehnten und die für sämtliche landwirtschaftlichen Gemeinden bestimmten, vor Arbeitern aus anderen Städten oder Provinzen erst alle ortsansässigen Arbeiter einzustellen (*Decreto de Términos Municipales*, April 1928). Der republikanische Kriegsminister, Manuel Azaña, verfügte die Verkürzung des obligatorischen Militärdienstes auf ein Jahr. Er reduzierte die Anzahl der Armee-Divisionen von 16 auf 8, die Anzahl der Offiziere von 26 000 auf 7 600. Den etwa 18 000 überzähligen Offizieren bot er die Pensionierung bei vollem Gehalt an. Am 3. Juni kündete er die Überprüfung aller Beförderungen für »méritos de guerra« unter der Diktatur Primos an. Am 14. Juli (dem Tag der Erstürmung der Bastille und auch der Eröffnung der verfassungsgebenden Cortes) schloß die Regierung die *Academia General Militar*, deren alleiniger Direktor in den vier Jahren ihres Bestehens Spaniens jüngster General gewesen war, Francisco Franco Bahamonde.
In den Reihen der republikanischen Führung befanden sich eine Anzahl von Professoren der Rechte, die sich mit dem Wahlsystem und der Geschichte der Gesetzgebung in den Nachbarländern Frankreich und Italien beschäftigt hatten. Sie waren sehr darauf bedacht, die Vielzahl kleiner Parteien zu vermeiden, die ihrer Meinung nach weitgehend für die Unbeständigkeit der Regierungen im präfaschistischen Italien und dem republikanischen Frankreich verantwortlich waren. Daher entwarfen sie ein Wahlgesetz, das Koalitionslisten begünstigen sollte und das 80 Prozent der Sitze

in jedem beliebigen Distrikt derjenigen Partei oder Koalition zugestehen sollte, die 50 Prozent der Stimmen auf sich vereinen konnte. Als Folge davon sollten die drei wichtigsten Wahlen der republikanischen Ära unrepräsentative Mehrheiten hervorbringen und zudem den Unmut und die Nicht-Akzeptierung seitens der unterrepräsentierten Minderheiten. Bei den Wahlen zu den konstituierenden Cortes im Juni 1931 führte die Aufstellung von republikanisch-sozialistischen Koalitionslisten und dem gegenüber die Zerrüttung innerhalb der monarchistischen Rechten zu einer starken linken Mehrheit.

Zwischen dem 14. Juli und dem 9. Dezember erarbeiteten eben diese aufgrund allgemeinen Männerwahlrechts gewählten Cortes eine laizistische, demokratische Verfassung, in der die gesetzgebende Körperschaft und parlamentarische Verantwortlichkeit bei einer Kammer lagen. Artikel 75 berechtigte den Präsidenten, den Premierminister zu ernennen, aber die benannte Person konnte ihr Amt nur so lange ausüben, wie sie das Vertrauen der parlamentarischen Mehrheit besaß. Um jeglichen Amtsmißbrauch des Präsidenten zu verhindern, legte Artikel 84 fest, daß kein Erlaß des Präsidenten in Kraft treten könne, ohne von einem Kabinettsmitglied gegengezeichnet worden zu sein *(consejo de gobierno)*. Artikel 44 ermöglichte eine gemischte Wirtschaftsform und bestimmte, daß Privateigentum enteignet (und entschädigt) werden könne, sofern es das Gemeinwohl verlange. Artikel 26 forderte die Beendigung der Unterstützung der Kirchen aus Budgetmitteln, und Artikel 48 sah auf allen Ebenen ein staatliches Erziehungssystem vor.

Die Artikel 26 und 27 verliehen Spanien die aggressivste laizistische Verfassung seiner Geschichte. Alle Orden sollten ihre Liegenschaften vom Justizministerium erfassen lassen und jährlich über ihre Einnahmen abrechnen. Sie durften sich nicht an Industrie, Handel oder Unterrichtswesen beteiligen. Die Jesuiten sollten als Orden in Spanien aufgelöst werden, die Kirche nach einer Übergangsphase von zwei Jahren all ihre Ausgaben konsolidieren, und die Friedhöfe verstaatlicht werden. Allen Religionen *(cultos)* wurde das Recht auf privaten Gottesdienst garantiert, öffentliche religiöse Kundgebungen dagegen mußten von der Regierung genehmigt werden. Als im Oktober über diese Artikel abgestimmt wurde, enthielten sich annähernd 100 Abgeordnete der Stimme. Liberale Katholiken wie Nicolau d'Olwer stimmten dafür, aus Furcht, daß eine Ablehnung die kirchenfeindliche Mehrheit zu noch schlimmeren Gesetzen verleiten könnte. Alcalá-Zamora und Miguel Maura traten aus dem Kabinett aus, allerdings nicht ohne vorher dem Rest der Verfassung zugestimmt und ihrer Loyalität gegenüber der neuen Republik als solcher Ausdruck verliehen zu haben. Der Vatikan sprach von der Republik als von einem »temporären« Regime, und der junge katholische politische Führer José María Gil Robles begann einen Feldzug für die Reform der gesamten Verfassung. Manuel Azaña, stimmgewaltigste und repräsentativste Figur in der republikanisch-sozialistischen Koalition, wurde nun Premierminister, und im Dezember, als die Verfassung verkündet wurde, wurde Niceto Alcalá-Zamora zum ersten Präsidenten der Republik gewählt.

Von Ende 1931 bis Mitte 1933 arbeitete die Regierung Azaña daran, einen demokratisch-kapitalistischen Staat mit zunehmender sozialer Gerechtigkeit und regionaler Autonomie unter einer Zivilregierung zu schaffen. Unglücklicherweise waren dies die Jahre, in denen die Weltwirtschaftskrise Spanien am ärgsten in Mitleidenschaft zog. Der Außenhandel ging auf ca. 30 Prozent seines Standes von 1928 zurück. Die Auswanderung nach Europa und Lateinamerika, in den 20er Jahren ein wesentlicher Faktor zur Verringerung der Arbeitslosigkeit, kam zum Stillstand, und Tausende von Arbeitern, die gewöhnlich in Frankreich Arbeit gefunden hatten, mußten nach Spanien zurückkehren. 1932-33 gab es etwa eine halbe Million Arbeitslose; proportional gesehen zwar keine so hohe Anzahl, wie sie zeitgenössische Statistiken für Deutschland, England oder die Vereinigten Staaten ausweisen, aber die spanischen Arbeiter hatten noch weniger finanzielle Rücklagen als die Arbeiter in den entwickelten Industrieländern, und in Spanien gab es kein System zur Bekämpfung der Arbeitslosigkeit. Die Stahl- und Metallproduktion fiel auf die Hälfte dessen zurück, was man in den späten 20er Jahren produziert hatte, und der Export von Zitrusfrüchten sah sich der neuen Konkurrenz algerischer und palestinensischer Orangen gegenüber. Auf der anderen Seite war die landwirtschaftliche Lage im Inland gar nicht ungünstig. Die Produktion von Getreide, Gemüse und Baumwolle stieg leicht an, die Preise waren – mit Ausnahme derjenigen Momente, in denen sie von Getreidebauern, die gegen die Republik und ihre soziale Gesetzgebung waren, manipuliert wurden – stabil. 1933 war das Jahr der meisten Streiks zwischen 1920 und 1936, und viele Spanier sowohl innerhalb der Rechten als auch der Linken waren der Ansicht, in einer Republik müsse es immer zu größeren sozialen Konflikten kommen. Tatsächlich aber gingen 1931 und 1932 nur halb so viele Arbeitstage durch Streiks verloren wie 1927.

Bedingt durch die Weltwirtschaftskrise verfolgte die Republik eine zum Teil widersprüchliche Wirtschaftspolitik. Alle drei Finanzminister der Regierung Azaña, die Katalanen Jaume Carner und Augustí Viñuales und der Sozialist Prieto, betrieben eine deflationistische Politik in der Hoffnung, zu einer Aussöhnung mit den internationalen Banken zu gelangen und das im Frühjahr 1931 aus dem Land geflossene Kapital wieder zurückzuführen. Zur selben Zeit wandte die Regierung Gelder auf, um das Leid zu lindern und die wirtschaftliche Infrastruktur des Landes zu entwickeln. 1932 wurden auf Kosten der Regierung etwa 250 000 Tonnen Weizen importiert, um ein Ansteigen der Brotpreise zu verhindern. Die Regierung kaufte asturische Kohle, für die sie keine unmittelbare Verwendung hatte, sie elektrifizierte Eisenbahnlinien, baute neue Landstraßen und erhöhte ganz erheblich die Investitionen in die *política hidráulica*. Carner und Prieto versuchten zudem, allerdings erfolglos, das Vertrauen der spanischen Kapitalisten in Formen gemeinsamer privater und staatlicher Investitionen zu gewinnen. Als der Protektionismus des britischen Weltreiches (die Vereinbarungen von Ottawa von 1932) den Markt für spanische Zitrusfrüchte drastisch einschränkte, bot die Regierung den Erzeugern nicht nur ihre Hilfe bei der Qualitätskontrolle an, sondern auch den Bau einer Flotte von Frachtern. Diese nahmen aber die implizierte Kritik an der Qualität und den »Sozialismus« der angebotenen Flotte übel. Prieto versuchte, ebenfalls ohne Erfolg, Spaniens Banken für die finanzielle Beteiligung an der *política hidráulica* zu interessieren, doch Investitionen dieser Art, wie sie von vielen amerikanischen Versicherungsgesellschaften mit einwandfrei konservativer Finanzführung gemacht wurden, waren den spanischen Bankiers 1933 zu radikal.

1932 war ein Jahr sehr wichtiger neuer Gesetze. Spanien erhielt sein erstes Scheidungsgesetz, das jedoch für die Theorie bedeutender war als für die Praxis, da selbst in den Großstädten nur sehr wenige Paare die Scheidung einreichten und in den Provinzen praktisch gar keine. Eine von der Regierung durchgeführte Untersuchung über die Grundschulausbildung ergab die Notwendigkeit von ungefähr 27 000 neuen Schulen, um den etwa eineinhalb Millionen Kindern gerecht zu werden, die überhaupt keine Schulausbildung erhielten. Zwischen 9000 und 10 000 Schulen wurden errichtet, die Gehälter der Lehrer im Durchschnitt um 15 Prozent angehoben, während die Lebenshaltungskosten stabil blieben. Im militärischen Bereich gab es wichtige bleibende Verbesserungen für Versorgungs- und Hilfstruppen, in der Ausbildung und Unterbringung sowie der Auswahl der Offiziersanwärter. Die Regierung versuchte, auf lange Sicht erfolglos, die Militärgerichte der zivilen Gerichtsbarkeit zu unterstellen.
Das wichtigste an der ganzen Gesetzgebung aber war das Gesetz, das die historische Generalidad wiedereinsetzte und dem Katalanischen völlige linguistische Gleichberechtigung zugestand. Das Autonomiestatut bestimmte im einzelnen die örtliche Kontrolle der Kommunalverwaltung, der Gerichte, der Polizei und der kulturellen Einrichtungen wie Museen und Rundfunk. Es forderte die gemeinsame Kontrolle der Schulen und die Gründung einer neuen autonomen Universität in Barcelona. Unitarische Republikaner wie Melquíades Alvarez und Felipe Sánchez Román widersetzten sich dem Statut, und die kastilischen Intellektuellen Ortega, Unamuno und Américo Castro schimpften unheilvoll über die sprachlichen Klauseln. Viele Katalanen glaubten auch, daß die »gemein-

same Kontrolle« der Zentralregierung zuviel Macht überließe, aber dennoch war die allgemeine Meinung weitgehend positiv, was durch die Tatsache bestätigt wird, daß Lerroux' Radikalenpartei in der Cortes für das Statut stimmte und die Bevölkerung Barcelonas Azaña begeisterte Huldigungen darbrachte, als der Premierminister persönlich erschien, um es zu überbringen. Keineswegs unwichtig für die Annahme des Statuts waren die bedeutenden Dienste, die Katalanen wie Jaume Carner und Nicolau d'Olwer in Madrid geleistet hatten, und das Verhalten von Lluís Companys, des ersten Zivilgouverneurs im Jahre 1931. Während eben dieser Monate hoffte die Regierung auch, bald ein ähnliches Statut für das Baskenland erlassen zu können, doch verbitterte Auseinandersetzungen zwischen den Karlisten von Navarra und den baskischen Nationalisten sowie das Mißtrauen beider Gruppen gegen die kirchenfeindliche Mehrheit in der Cortes verhinderten diesen Schritt zur baskischen Autonomie.

Der größte legislative Fehler der Regierung war das Gesetz zur Bodenreform von 1932. In diesem Falle lähmten zueinander im Widerspruch stehende Kriterien und finanzielle Probleme praktisch jedes Handeln. Allgemein gesprochen: Die Republikaner traten dafür ein, Land an bestimmte Familien zu verteilen, und die Sozialisten dafür, Kollektive zu bilden. Die Anarchisten, die in der Cortes nicht vertreten waren, die jedoch einen vernehmbaren und kampfbereiten Teil der Bauernschaft bildeten, hatten nicht die geringste Ahnung, ob sie nun die individuelle oder die kollektive Landverteilung vorziehen sollten. Die Großgrundbesitzer, in der Cortes von den Agrariern repräsentiert, ein Teil der CEDA von Gil Robles und die *Lliga*

Regionalista widersetzten sich jeder bedeutungsvollen Reform. Aus prinzipiellen Gründen und da die meisten Besitzer der spanischen Mittelklasse angehörten, die die Republik nicht verärgern wollte, beabsichtigte die Regierung, sie für das enteignete Land zu entschädigen. Aber Defizite in der Staatskasse und weit auseinanderklaffende Schätzungen über den finanziellen Wert der Ländereien verhinderten jegliche Übereinstimmung in Hinblick auf die Entschädigung. Insgesamt profitierten von der republikanischen Bodenreform von 1932 nur 12 000 Familien, und das in einem Land, in dem 1 100 000 Bauern theoretisch dafür in Frage kamen, Land zu erhalten, und in dem zwei Drittel der Arbeitslosen in ländlichen Gebieten lebten.[1]

Anfang 1933 hatte die Republik ganz deutlich ihren anfänglichen Schwung verloren. Die Anarchisten hatten sie von Anfang an aus dem Hinterhalt bekämpft: Streiks in Sevilla im Sommer 1931 und die Aufstände im Namen des *comunismo libertario* in Katalonien im Januar 1932 und 1933. In Navarra hatten die Karlisten Ende 1931 eine Atmosphäre antirepublikanischer Gewalt geschaffen, und im Laufe des nächsten Jahres vereinigten sich katholische Konservative aus allen Gebieten Spaniens unter der Führung von Gil Robles in der *Confederación Española de Derechas Autónomas* (CEDA), die sich allen republikanischen Gesetzen mit irgendwelchen sozialen Inhalten widersetzte und die »Zufälligkeit« der Regierungsformen predigte. Zwei wichtige Zeichen für das nachlassende Glück der Azaña-Koalition waren das Ereignis bei Casas Viejas und das Kongregationsgesetz. Im Januar 1933 erklärte in dem andalusischen Dorf Casas Viejas eine Gruppe von Bauern den *comunismo libertario* und versuchte erfolglos, den Posten der Guardia Civil zu umzingeln. Die Guardia Civil, verstärkt von einem Kommando von Stoßtruppen *(Guardia de Asalto)*, belagerte sie dann und tötete schließlich sechs Anarchisten, die im Haus ihres Anführers, »Seisdedos« (Sechsfinger), Zuflucht gesucht hatten. In einer journalistischen Untersuchung dieses Vorfalls berief sich der Anführer der Stroßtruppen, Kapitän Manuel Rojas, darauf, daß Premierminister Azaña in seiner Gegenwart befohlen habe: »tiros a la barriga« (»schießt sie in den Bauch«). Monate später zeigte sich in der Mordverhandlung gegen Kapitän Rojas, daß diese Beschuldigung Azañas eine unverschämte Lüge war, doch in der Zwischenzeit hatten die Presse und die parlamentarische Opposition die Regierung als eine Regierung von »barro, sangre y lágrimas« (Schlamm, Blut und Tränen) stigmatisiert. Der Tod der Anarchisten war vom Standpunkt der Regierung aus besonders schmerzlich, weil der Stoßtrupp von der Regierung geschaffen und speziell dazu ausgebildet worden war, Streikenden und Demonstranten ohne die tödliche Gewalt zu begegnen, die herkömmlicherweise für die Guardia Civil und das Militär charakteristisch waren.

Das Kongregationsgesetz, im Juni 1933 beschlossen, bestimmte, daß alle kirchlichen Grund- und weiterführenden Schulen zwischen dem 1. Oktober und Anfang 1934 schließen sollten. Technisch konnte das Gesetz für die logische Folge der Artikel 26 und 48 gehalten werden. Aber in der Praxis schlug es dem weitverbreiteten Protest der Mittelschicht geradewegs ins Gesicht, da es außerdem offensichtlich war, daß die Regierung unmöglich für genügend weltliche Schulen als Ersatz für die katholischen Klassenräume sorgen konnte. Die Bodenreform, die

Sozialgesetzgebung und die Debatte über die *Casas Viejas* hatten die republikanisch-sozialistische Koalition Mitte 1933 im Grunde genommen aufgelöst. Das bleibende Band zwischen beiden war die Kirchenfeindlichkeit, und die offenkundige Feindseligkeit des Großteils der Priesterschaft gegenüber der Republik machte es den Abgeordneten leicht, guten Gewissens für die Beendigung des katholischen Schulsystems zu stimmen.

Eines der wenigen tatsächlichen Rechte des Präsidenten war es, die Cortes aufzulösen und Wahlen auszurufen. Da er die verfassungsgebende Funktion der Cortes für erfüllt hielt und meinte, daß es im Oktober zum Chaos käme, wenn das Kongregationsgesetz in Kraft treten sollte, machte Alcalá-Zamora von seinem Recht auf Auflösung Gebrauch. Bei den Wahlen im November 1933 bildeten die Zentrums- und Rechtsparteien Koalitionslisten, während die Republikaner und Sozialisten getrennt kandidierten. Zusätzlich wählten zum ersten Mal auch Frauen, und es ist sehr wahrscheinlich, wenn auch nicht zahlenmäßig bewiesen, daß von den Frauen aller Schichten proportional gesehen wesentlich mehr für die katholischen Kandidaten stimmten als von den Männern. Das Ergebnis des Wahlgesetzes und des Frauenwahlrechts waren Cortes mit einer Mehrheit, die viel weiter nach rechts gerückt war als die öffentliche Meinung.

Die größte einzelne Partei in der neuen Koalition war die CEDA, und man erwartete deshalb, daß ihr Vorsitzender, José Ma. Gil Robles, Premierminister würde. Der Führer der vorhergehenden Koalition jedoch, Azaña, war zwar nicht der Vorsitzende der größten Partei gewesen, war aber der Führer, der das Vertrauen der parlamentarischen Mehrheit genoß. Für den Präsidenten war es noch wichti-

ger, daß Gil Robles Führer einer Partei war, deren Gelder überwiegend von monarchistischen Gönnern kamen, und außerdem war Gil Robles der Führer, der die Theorie des »Akzidentialismus« von Regierungsformen vertrat. Unter diesen Umständen bot Alcalá-Zamora das Amt des Premierministers Alejandro Lerroux an, dem »historischen Republikaner«, dem Führer der zweitgrößten Partei innerhalb der siegreichen Koalition.
Als Premierminister verhielt sich Lerroux abwartend, und so kehrte er den Schwung der ersten beiden Jahre der Republik in der Tat um. Die Bodenreform kam praktisch zum Stillstand, und die Gehälter in der Landwirtschaft wurden auf den Stand von 1931 reduziert. Der Bau von Schulen und die *política hidráulica* wurden monatelang mit den Geldern weitergeführt, die schon vorher bewilligt worden waren, erhielten jedoch sehr wenig neue finanzielle Mittel. Die kirchlichen Schulen arbeiteten, als sei das Kongregationsgesetz niemals in Kraft getreten, und trotz Artikel 26 zahlte die Regierung annähernd zwei Drittel der Kosten des weltlichen Klerus. Die strukturellen Reformen des Militärs wurden beibehalten, aber der Kriegsminister berief in den obersten Stab lieber königs- als republiktreue Offiziere. Die Wahlen in Katalonien im Jahre 1934 führten zu einer Generalitat, in der die Esquerra dominierte, eine Partei, deren Ansichten stark mit denjenigen der kürzlich besiegten Koalition Azañas übereinstimmten. Indem sie eine Vielzahl technischer und budgetärer Schwierigkeiten vorgab, brachte die Madrider Regierung die Verlegung der administrativen Gewalt nach Barcelona praktisch zum Stillstand.
Die Zeit Ende 1933 und 1934 war Zeuge einer starken Tendenz zur Radikalisierung sowohl unter den Rechten als

auch den Linken. Die Alfonsische monarchistische Organisation *Renovación Española* wurde am 1. März 1933 gegründet. Die *Falange Española* des José Antonio Primo de Rivera datierte vom 29. Oktober, und im Februar 1934 fusionierte sie mit der militant rechtsgerichteten JONS von Ramiro Ledesma Ramos und Onésimo Redondo. Calvo Sotelo, der gerade aus dem Exil zurückgekehrt war, gründete Anfang 1934 den *Bloque Nacional*, und am 31. März traf Mussolini ein geheimes Abkommen mit Karlistenführern, die auf der Suche nach militärischer Ausbildung und Waffen für eine für die Zukunft geplante karlistische Erhebung gegen die Republik nach Rom gekommen waren. Die winzige kommunistische Partei wurde seit Ende 1933 immer stimmgewaltiger und militanter.[2] Die sozialistische Jugend und die UGT, ebenso enttäuscht von den letzten Monaten der Regierung Azaña wie von der Wahlniederlage im November, sprachen davon, die bürgerliche Republik abzulehnen und sich in Richtung auf eine revolutionäre Politik zu bewegen. Im März 1934 führten die Anarchisten unter der Führung von Buenaventura Durruti in Saragossa einen spektakulären, gewaltigen Generalstreik von zwei Wochen Dauer durch, der ihre Kameraden freipressen sollte, die wegen der Teilnahme an der Erhebung im Dezember 1932 ins Gefängnis gesteckt worden waren. Und im Frühjahr 1934 diskutierten Andreu Nin, Joaquím Maurín und Largo Caballero die Möglichkeit einer gemeinsamen Arbeiterfront.
Zwei Umstände kündigten Anfang 1934 eine konfliktgeladene Zukunft an. Im April verabschiedete das katalanische Parlament ein *Ley de cultivos*, das kleinen Bauern und kleinen Farmpächtern in Katalonien finanzielle Erleichterungen und die Gelegenheit zum Landerwerb geben sollte.

Arbeitgeberorganisationen fochten das Gesetz als dreiste Verletzung des Artikels 15 der Verfassung an, der die Unverletzlichkeit von Verträgen garantierte. Die Regierung Companys verteidigte sich damit, daß es wahrscheinlich doch in ihrer Kompetenz stünde, soziale Gesetze unter Artikel 12 des katalanischen Statuts zu verabschieden. Das Madrider Tribunal zur Aufrechterhaltung der in der Verfassung verankerten Garantien sprach sich – was weithin eher als politische denn als legale Entscheidung interpretiert wurde – gegen die Verfassungsmäßigkeit des *Ley de cultivos* aus. Die Generalitat verkündete umgehend, den Beschluß nicht zu akzeptieren, und verabschiedete ein ganz ähnliches neues Gesetz.

Ebenfalls im Juni beschlossen die Bauern der Estremadura, die sich kürzlich unter sozialistischer Führung in der *Federación Trabajadores de la Tierra* organisiert hatten, gegen die Lohnkürzungen zu streiken, die sie unter der Regierung Lerroux hatten hinnehmen müssen. Die Reaktion auf den Streikaufruf war enttäuschend, und die Bewegung innerhalb von fünf Tagen zuende. Der Innenminister jedoch, Rafael Salazar Alonso, beliebte den Vorfall als revolutionäre marxistische Erhebung zu interpretieren, und Hunderte von Bauern wurden in kastilischen Gefängnissen einquartiert, weit ab von den Dörfern, die die meisten von ihnen nie zuvor verlassen hatten.

1933-34 riefen die Triumphe des europäischen Faschismus auch in Spanien größere Wirkung hervor. Hitler hatte die parlamentarische Republik in Deutschland zerstört. Er hatte die sozialistischen und kommunistischen Führer gefangengesetzt und im Juli 1933 erfolgreich ein Konkordat mit Eugenio Kardinal Pacelli abgeschlossen. Im Februar 1934 wurden die österreichischen Sozialisten und

die Entwicklung ihres kommunalen Wohnungsbau-Programms, das zum Modell für sozialdemokratische Errungenschaften geworden war, physisch von der klerikalfaschistischen Regierung Engelbert Dollfuß' aufgerieben. In den Augen der spanischen Linken war Gil Robles nicht der Führer einer demokratisch-parlamentarischen Partei, sondern der eingestandene Bewunderer von Dollfuß, der die Sozialisten zudem öffentlich als Verräter hinstellte und Premierminister Samper beschuldigte, Spanien mit seiner Bereitschaft, die Legalität des neuen Gesetzes zur katalanischen Agrarreform anzuerkennen, auseinanderzureißen.
Am 1. Oktober entzog die CEDA der Regierung Samper ihr Vertrauen, und Gil Robles bestand darauf, daß seine Partei in jedem zukünftigen Kabinett mehrere Ministerien innehaben sollte. Der Präsident bat Lerroux, eine Regierung zu bilden, zu der auch drei CEDA-Minister gehören sollten. Die konservativen republikanischen Führer Miguel Maura, Felipe Sánchez Román und Diego Martínez Barrio sandten gemeinsam mit Manuel Azaña dem Präsidenten nahezu identische Schreiben, in denen sie ihn vor der drohenden Gefahr des Faschismus warnten und zudem androhten, alle politischen Beziehungen zur Regierung abzubrechen, falls die CEDA ins Kabinett eintreten sollte. Am 5. Oktober kam es zu mehreren unkoordinierten und wirkungslosen Generalstreiks in größeren Städten, einschließlich Madrid. Die gegen Madrid gerichteten Gefühle hatten in Barcelona den Siedepunkt erreicht. In der Nacht vom 5. auf den 6. Oktober rief Lluís Companys, um einem Coup des rechten Flügels der katalanischen Nationalisten zuvorzukommen, »die Republik Katalonien innerhalb der spanischen Bundesrepublik« aus und lud eine »demokrati-

sche Regierung im Exil« dazu ein, sich in Barcelona zu etablieren. Nach einem mehrstündigen Scharmützel in den frühen Morgenstunden, dessen Ergebnis etwa 50 Tote waren, erreichte der katalanische Republikaner General Domingo Batet die friedliche Kapitulation der Regierung Companys. Die Generalitat wurde aufgelöst und das Kabinett vor Gericht gestellt.

In Asturien, wo etwa 15 000 Bergarbeiter seit einigen Monaten Waffen und Dynamit gesammelt hatten, marschierten annähernd 1 000 militante Arbeiter nach Oviedo. Ein kombiniertes sozialistisch-kommunistisch-anarchistisch-trotzkistisches Kommitee, das den Slogan »Unión Hermanos Proletarios« (UHP) gebrauchte, rief eine »Commune« aus und versuchte einige Tage lang, Verpflegung sowie medizinische und städtische Dienstleistungen auf einer nicht-monetären, klassenlosen Basis zu organisieren. Im gleichen Zeitraum ermordeten fanatische Randgruppen, die unglücklicherweise alle solche Bewegungen begleiten, an die 50-60 Personen, zumeist Polizisten und Priester. Lerroux' unmittelbare Antwort darauf war, in Zusammenarbeit mit dem republikanischen Oberhaupt des Generalstabs, General Carlos Masquelet, Truppen der Divisionen aus Burgos, Valladolid und Galizien zu entsenden, um die Ordnung wiederherzustellen. Doch der Kriegsminister, Diego Hidalgo, zog den Vorschlag seines militärischen Ratgebers, General Francisco Franco, vor, der empfahl, die Afrikaarmee und die Fremdenlegion einzusetzen.[3] Am 12. Oktober hatten die Regierungskräfte Oviedo zurückerobert, und am 18. war jeglicher Widerstand in den Bergarbeiterdörfern gebrochen. Diejenigen Truppen, die der Republikaner und Freimaurer General López Ochoa befehligte, verhielten sich geduldig und zurückhaltend. Die afrikanischen Streitkräfte unter Colonel Yagüe säten Terror. Insgesamt starben während dieser Repression 165-210 Menschen, und Hunderte wurden unter Anwendung von Foltern verhört.[4] In ganz Spanien wurden beinahe 30 000 militante Gewerkschaftsangehörige und sozialistische Stadträte verhaftet, und ein beträchtlicher Teil von ihnen blieb bis zur Amnestie, die auf den Sieg der Volksfront im Februar 1936 folgte, im Gefängnis. Militärgerichte in Barcelona und Oviedo verhängten etwa 30 Todesstrafen. Die royalistischen Führer Antonio Goicoechea und José Calvo Sotelo sowie der »Akzidentialist« Gil Robles verlangten die Vollstreckung der Urteile. Alcalá-Zamora und Lerroux setzten sich für eine Umwandlung der Strafe ein, insbesondere deshalb, weil die Regierung Azaña auch niemanden wegen der Beteiligung an der Militärrevolte Sanjurjos im August 1932 erschossen hatte. Am Ende bestätigte der Präsident zwei Todesurteile für Männer, die eindeutig blutige Verbrechen begangen hatten.

In der psychologischen Antwort auf die Revolte in Asturien zeichnen sich all die Regungen des bevorstehenden Bürgerkriegs ab. Dichtung und Wahrheit über Einheit, Tugend und Opfer des Proletariats bei den Linken. Dichtung und Wahrheit über Foltern und tödliche Vergeltungsmaßnahmen bei den Rechten. Die kurzlebige »Commune« von Oviedo mag der Sowjetunion wohl geholfen haben, die »Volksfront«-Politik im Sommer 1935 zu lancieren, obwohl die Ereignisse in Deutschland das sowjetische Denken zweifellos weit mehr beschäftigten als die in Asturien. Für die spanische Rechte erfüllte sich durch die Oktober-Aufstände sowohl in Katalonien als auch in Asturien die ganze Skala ihrer Alpträume, angefangen vom

»gottlosen freimaurerischen Liberalismus« bis hin zum »atheistischen (blutrünstigen) Kommunismus«. In der Presse und in formellen Anhörungen der Cortes im März 1935 versuchten die Rechten, die moralische Verantwortung für alles, was in beiden Lagern geschah, Azaña anzulasten. Bei der Abstimmung stimmten die Karlisten, die *Renovación* und die CEDA gegen Azaña. Die konservativen Republikaner, die baskischen Nationalisten, die *Esquerra* und die gesamte Linke stimmten für ihn. Die Gruppierung war derjenigen nach dem Aufstand des Militärs im Juli 1936 sehr ähnlich. Die Nachwirkungen des Oktobers führten zur Bildung der Volksfront. Die Aufstände selbst befreiten die Rechten von allen zukünftigen Skrupeln hinsichtlich republikanischer Legalität, da die Linken sich ja gegen die legal eingesetzte Regierung Alejandro Lerroux' erhoben hatten.
Im Laufe des Sommers 1935 nahm die Macht der CEDA mit Gil Robles als Kriegsminister zu, und die Macht der Africanistas wuchs mit General Franco als Jefe del Estado Major (Generalstabschef). Im Herbst geriet die Regierung Lerroux durch mehrere Finanzskandale in Verruf. Der Präsident entschloß sich, Neuwahlen zu den Cortes auszurufen, und zu deren Kontrolle bestimmte er Manuel Portela Valladares zum Premierminister, der nach dem Aufstand im Oktober ehrenhaft seine Pflicht als Zivilgouverneur von Barcelona, und später als Innenminister, getan hatte. Die Linke bildete Koalitionslisten und trat für ein Programm ein, dessen wichtigste Punkte Amnestie für die politischen Gefangenen vom Oktober und eine Zurücknahme des demokratischen kapitalistischen Programms von 1931-33 waren. Gil Robles war nicht dazu in der Lage, Koalitionslisten seiner monarchistischen und republikani-

schen Anhänger zu erstellen, hoffte aber, eine parlamentarische Mehrheit für die CEDA und ihre kleineren Verbündeten zu gewinnen. In Anlehnung an die faschistischen Formen der Mobilisierung wurden Mauern mit riesigen Fotos des Führers beklebt, Gil Robles redete von seinem unvermeidlichen »Marsch zur Macht«, und die Jugendorganisation der CEDA wies seinen Zuhörern mit dem Ruf »todo el poder para el jefe« (alle Macht dem Führer) den Weg.

Bei der Wahl am 16. Februar trug die Linke aus ebendemselben Grund, aus dem die Rechte 1933 gewonnen hatte, einen einseitigen Sieg davon: das Wahlgesetz, das Koalitionen begünstigte und das 50 Prozent der Stimmen mit 80 Prozent der Sitze belohnte. Ihre verhältnismäßig geringe Mehrheit wurde zudem durch die Tatsache verstärkt, daß die Anarchisten, die sich mit der Gefangenenfrage beschäftigten, sich nicht wie 1933 der Stimme enthielten. Als der Wahlausgang sich abzeichnete, drängte (unter anderen) General Franco – in der Absicht, die Wahlen zu annullieren – Portela dazu, den Kriegszustand auszurufen. Portela war eingeschüchtert genug, um darauf zu bestehen, daß Azaña die Macht übernehmen solle, ohne die offizielle Bestätigung aller Ergebnisse abzuwarten. Die Wahl war größtenteils friedlich verlaufen, aber es hatte einige Unregelmäßigkeiten gegeben. Dennoch gestanden Gil Robles und alle anderen wichtigen Führer der Rechten ihre Wahlniederlage öffentlich ein.

Mit Azaña als Ministerpräsident eines durch und durch republikanischen Kabinetts und der Regierung Companys, die in Barcelona wieder an der Macht war, konnte die Republik ihren früheren Weg der Reformen offensichtlich wieder fortsetzen. Doch die Regierung Azaña hatte nie wirklich Gelegenheit, tätig zu werden. Das Frühjahr 1936 ist einer jener Zeitabschnitte, in dem der ausdrückliche Wille der Mehrheit von zahlreichen Minderheiten aufgehoben wurde, deren Entschlossenheit, Hilfsmittel und Skrupellosigkeit sie dazu befähigten, die Ergebnisse eines demokratischen Vorgehens, das sie verachteten, einfach zu ignorieren. Am auffälligsten und zugleich am wirkungslosesten waren die »infantilen Linken«, die mit Slogans wie »Kinder ja, Ehemänner nein« durch Madrid marschierten; die nach der Einrichtung einer »Roten Armee« riefen, und die Azaña als Kerensky (den russischen Premier, der von den Bolschewisten im November 1917 gestürzt wurde) karikierten. Wesentlichen Anteil an der Zermürbung der Regierung und der städtischen Mittelklassen hatten die zahlreichen, teilweise bewaffneten Jugendgruppen der CEDA, der Karlisten, der Falange, der Sozialisten und der Kommunisten. Politische Morde, Straßenschlachten, Krawalle bei der Beerdigung der Opfer kamen in Madrid und den Städten im Süden häufig vor, nicht aber in Barcelona oder Bilbao. Wohlhabende Führer sowohl der Karlisten als auch der Alfonsischen Monarchisten begannen vom Augenblick des Siegs der Volksfront an, gegen die Regierung zu intrigieren. Ihre Hilfe war letztlich willkommen, aber mit Ausnahme von Calvo Sotelo wurden sie von der wichtigsten Minderheit, die konspirierte, nämlich den Offizieren der Africanistas, nie über bestimmte Pläne informiert.

Am 7. April mißbrauchten die Cortes ihre eigene verfassungsgebende Funktion, indem sie Präsident Alcalá-Zamora absetzten. Die Diskussion über seine Auflösung der Cortes (gemäß Artikel 81) artete in rachsüchtige und weitgehend unwahre Beschuldigungen wegen seiner Rolle in der in Asturien nach dem Aufstand vom Oktober 1934 in Gang gesetzten Repression aus. Da die Rechten ihn dafür verantwortlich machten, 1934-35 Gil Robles' legalen Aufstieg zur Macht verhindert zu haben, unternahmen sie nichts zu seiner Verteidigung. Mit einem Abstimmungsergebnis von 238 zu 5, wobei sich die Rechten der Stimme enthielten, wurde er seines Amtes enthoben, da er zu den Wahlen, die die Volksfront an die Macht gebracht hatten, nicht ordnungsgemäß aufgerufen habe!

Ferner wurde die Regierung von einem unerbittlichen Bau-Streik in Madrid beunruhigt, verbunden mit Rivalitäten zwischen der UGT und der CNT, und von der friedlichen, aber illegalen Besetzung brachliegender Ländereien in der Estremadura durch landlose Bauern. Die größte Bedrohung aber stellte die Verschwörung des Militärs dar. Die ersten aktiven Verschwörer waren royalistische Generäle und Generäle der Africanistas wie z. B. Ansaldo, Barrera, Goded und Gonzáles Carrasco. Valentín Galarza diente als direkter Kontaktmann zu dem verbannten General Sanjurjo, der das nominelle Oberhaupt der Militär-Junta werden sollte. Varela unterhielt direkten Kontakt zu den Karlisten und Yagüe zur Fremdenlegion. Ende März war General Mola, in erster Linie von seinem Haß gegen Azaña getrieben, der Hauptkoordinator. Die Generäle Queipo de Llano und Franco wurden erst ungefähr eine Woche vor der Erhebung vom 18. Juli endgültig miteinbezogen. Wichtig für die Verschwörung war auch die Einschüchterung – und gelegentliche Ermordung – pro-republikanischer Offiziere durch die *Unión Militar Española* (UME), deren Hauptanführer jener Oberst Bartolomé Barba Hernández war, der nach dem Zwischenfall in Casas Viejas die Lügen über Azaña verbreitet hatte.

Die meisten historischen Schilderungen des Bürgerkriegs betonen die offensichtliche Blindheit der republikanischen Regierung gegenüber der militärischen Verschwörung. In Wahrheit aber versetzte sie Mola von Marokko nach Pamplona, und auf diesem Posten umgab sie ihn mit den loyalen Generälen Batet und Molero in Burgos und Valladolid und dem loyalen Major José Rodríguez Medel, dem Anführer der Guardia Civil in Pamplona. Sie schob Franco auf die Kanarischen Inseln und Goded auf die Balearen ab. Sie besetzte die höchsten Posten in Marokko mit den loyalen Offizieren Alvarez Buylla, Gómez Morato und Romerales. Ende Juni hatte Mola keine Hoffnung mehr auf Erfolg. Und am 18. Juli erhob sich lediglich einer der acht Divisions-Kommandeure auf der Halbinsel, Miguel Cabanellas in Saragossa, und es bleiben beträchtliche Zweifel, ob er aus Begeisterung oder unter dem Druck seiner Untergebenen handelte.

Im Endstadium der Planung sollte die Erhebung zwischen dem 10. und 20. Juli stattfinden. Sie wurde beschleunigt durch zwei politische Morde am 12. Juli: denjenigen an dem linksgerichteten Stoßtrupp-Leutnant José Castillo und denjenigen am zivilen Royalistenführer José Calvo Sotelo. Der teilweise Erfolg der Erhebung ist auf sorgfältige Planung und die Kühnheit der rebellierenden Offiziere sowie auf die Unschlüssigkeit der Regierung und der loyalen Offiziere zurückzuführen. In Marokko, Sevilla, Burgos, Valladolid, Pamplona und Galicien wurden loyale Kommandeure innerhalb der ersten Stunden verhaftet. Soldaten wurden mit dem irreführenden Slogan »Viva la república« auf die Straße geschickt. In Oviedo stimmte General Aranda lächelnd dem Vorhaben der Bergarbeiter zu, in den Zug zu steigen, um das bedrohte Madrid zu verteidigen – wonach er die asturische Hauptstadt mit Leichtigkeit unter Kontrolle hatte, während die Bergarbeiter in Valladolid verhaftet und weggeschafft wurden. 24 kritische Stunden lang versuchte die Regierung, über Martínez Barrio mit den militärischen Anführern zu verhandeln, und Zivil-Gouverneure und loyale Garnisons-Kommandeure warteten vergeblich auf Anweisungen der Regierung. In Bilbao, wo die Basken Telefongespräche mit den Kasernen abgehört hatten, fehlte das Überraschungsmoment, und es gab dort auch keine Erhebung. In Barcelona, wo der Divisions-Kommandeur, General Llano de la Encomienda, loyal blieb und auch die Bewaffnung von Zivilisten akzeptierte, wurde die Erhebung schnell niedergeschlagen. Auch in Madrid wurde die Erhebung schnell niedergeschlagen, als die neue Regierung Giral am 20. Juli die Verteilung von Waffen genehmigte.

Der Bürgerkrieg begann dann als Putsch, der in Marokko, Navarra, Galicien und weiten Teilen Altkastiliens, Aragonien und Andalusien Erfolg hatte, in den größeren Städten, Katalonien, den baskischen Provinzen, an der ganzen Levanteküste und in beinahe ganz Neukastilien jedoch fehlschlug.

Anfangs standen den Aufständischen einige Tausend Berufsoffiziere zur Seite, die 40 000 Mann starke Afrikaarmee, die karlistischen und falangistischen Milizen, die zwar zahlenmäßig relativ klein, durch ihre Begeisterung und ihre Jugend jedoch stark waren. Die Republik wurde unterstützt von den liberalen städtischen Mittelschichten, den sozialistischen und anarchistischen Arbeitern, den katalanischen und baskischen Autonomisten und einer unkoordinierten, aber beträchtlichen Zahl von Berufsoffizieren. Der Großteil der kleinen Luftwaffe stand auf der Seite der

Republik. In der sehr klassenbewußten Marine waren die große Mehrheit der Matrosen und Unteroffiziere für die Republik, während die große Mehrheit der Offiziere mit den Aufständischen sympathisierte. In der Mittelmeerflotte setzten die Matrosen die Offiziere gefangen oder töteten sie. Ihre Schiffe waren nicht kampfbereit, doch waren sie in den ersten Wochen des Krieges ein kleineres Hindernis für das Übersetzen der Afrikaarmee von Marokko nach Andalusien.

Militärisch gesehen dauerte die erste Phase des Bürgerkriegs vom 18. Juli bis zum 7. November. Die Aufständischen, die in Burgos und Salamanca Zwillingshauptstädte errichteten, hatten den Vorteil, Elitetruppen zu besitzen, aber es mangelte ihnen an Waffen, und abgesehen von Navarra und Teilen Altkastiliens auch an der Unterstützung durch die Bevölkerung. Und in der Tat konnten viele Truppen nicht mobilisiert werden, weil sie zum Schutz gegen eine ihnen feindlich gesinnte Bevölkerung in Galicien und Andalusien gebraucht wurden. Englische Privatleute, die die Aufständischen unterstützten, stellten das Flugzeug zur Verfügung, das General Franco am 19. Juli von den Kanarischen Inseln nach Marokko flog, und die Italiener stellten die Flugzeuge zur Verfügung, die es am 30. Juli ermöglichten, afrikanische Truppen auf die Halbinsel zu fliegen. Die Ölgesellschaft Texaco, die die CAMPSA belieferte, hatte am 18. Juli fünf Tanker auf hoher See, die nach Coruña fuhren und Molas Lastwagen mit Benzin versorgten. Am 20. Juli schickte General Franco Gesandtschaften nach Italien und Deutschland, um um Waffen zu bitten. Unabhängig voneinander entschieden die beiden Diktatoren am 25. Juli, in begrenztem Umfang militärische Versorgungsgüter zu liefern, und sie beschlossen ebenfalls

Teilung Spaniens Ende Juli 1936

(nachdem Sanjurjo bei einem Flugzeugunglück ums Leben gekommen war), General Franco als obersten Kommandierenden zu behandeln.

In der ersten Augustwoche wurden in Andalusien und Portugal, deren Häfen und Transportmöglichkeiten Franco während des ganzen Krieges zur Verfügung standen, deutsche Waffen an Land gebracht. Am 20. Juli bat die Regierung Giral auch Frankreich um unverzügliche militärische Hilfe. Premierminister Léon Blum und sein Luftfahrtminister Pierre Cot schickten in der ersten Augustwoche etwa 50 bis 60 veraltete Flugzeuge, und die französische Grenzpolizei blickte in die andere Richtung, als einige Hundert Freiwillige die Pyrenäen überquerten, um sich den Arbeitermilizen in Katalonien und Aragonien anzuschließen. Von August bis Oktober eroberte die Afrikaarmee den Großteil Andalusiens und der Estremadura; sie wandte massiven Terror an, um ihre Stellungen in einem feindlichen Gebiet zu sichern. Zur selben Zeit erreichte General Mola die Sierra Guadarrama, wo sein Vordringen von Studenten- und Arbeitermilizen aufgehalten wurde. Die loyale Luftwaffe und ihre französischen Verstärkungen diente hauptsächlich der Aufklärung und warf gelegentlich auch einige wenige Bomben hinter den Linien der Aufständischen.

Die militärische Geschichte des Bürgerkriegs läßt sich nicht von ihren revolutionären und konterrevolutionären Aspekten trennen. Der Aufstand zerstörte die schwache reformistische Regierung und beschleunigte gerade das, was die Rechten am meisten gefürchtet hatten: eine breit angelegte soziale Revolution, die weitestgehend anarchistisch inspiriert war. In allen ländlichen Gebieten, in denen die Erhebung fehlgeschlagen war oder nicht stattgefunden hatte, kollektivierten die Bauern Land, Maschinen und die Erntearbeit. Häufig töteten sie Angehörige der Guardia Civil, Falangisten, Priester und Kaziken, die während der ersten Tage nicht geflohen waren bzw. sich nicht versteckt hielten. In Barcelona wurden 70 Prozent der gesamten Industrie und des Handels kollektiviert und in Madrid und Valencia etwa 30 Prozent. Krawatten und Hüte, Prostitution und Wetten verschwanden; Frauen konnten Overalls und Gewehre tragen. In vielen Dörfern schaffte man das Geld ab, in allen städtischen barrios und Fabriken befanden sich die finanziellen Mittel und ökonomischen Entscheidungen in den Händen örtlicher Komitees, zu denen Repräsentanten aller Parteien bis hin zur Volksfront gehörten, die aber in den ersten Monaten von Anarchisten oder linksgerichteten Sozialisten dominiert wurden.

In den Städten entführten und töteten linksgerichtete

Jugendbanden circa 15-20 000 verhaßte »Bourgeois«: Arbeitgeber, Führungspersonal, kleine Kaufleute und Funktionäre, die als Feinde des Proletariats betrachtet wurden, sowie Streikbrecher. In Barcelona unterstützte die Regierung Companys die Kollektivierung, teils um das wirtschaftliche Chaos zu verringern, teils um die Verzeichnisse über die Verteilung von Eigentumsurkunden zu bewahren, die für die Besitzenden nach dem Krieg sehr hilfreich waren. In Madrid warnte der Rundfunksender der Regierung die Leute davor, ihre Türen nachts Fremden zu öffnen, und erlaubte vielen ausländischen Botschaften, für die Unterbringung der Tausende von Menschen, die politisches Asyl suchten, zusätzliche Gebäude zu erwerben. Die Regierungen sowohl in Madrid als auch in Barcelona erleichterten die Ausgabe von Ausreisevisa an prominente Kirchenmänner und Akademiker, die von der terroristischen Phase der Revolution bedroht waren.

In der vom Militär beherrschten Zone fand eine grimmige Konterrevolution statt. Die Generäle Franco, Mola und Queipo de Llano waren der Ansicht, daß ihre Junta seit dem 18. Juli die einzige legitime Autorität in Spanien sei und daß alle, die Waffen zur Verteidigung der »roten« Republik trugen, per definitionem militärischer Rebellion schuldig seien. Sie machten sich auch die traditionelle Haltung der Berufssoldaten aller Länder zueigen, daß nicht-uniformierte Gegner Gesetzlose seien. Von diesen Theorien ausgehend, erschossen sie guten Gewissens Tausende von Angehörigen der UGT- und CNT-Milizen und leicht bewaffnete Bauern, die so verwegen waren, in den Dörfern Andalusiens und der Estremadura Widerstand zu leisten. Gleichzeitig waren sie in den Großstädten und Städten ihres Herrschaftsbereiches dazu entschlossen, Spanien ein für allemal von der »semilla Marxista« (der marxistischen Saat) zu befreien. Rechtsgerichtete politische Führer und Priester identifizierten die mutmaßliche revolutionäre Führung, und karlistische und falangistische Milizeinheiten brachten jede Nacht Wagenladungen von Gefangenen auf Friedhöfe oder nahegelegene Felder und töteten sie dort. Entlang der galicischen Küste gelang es einigen hundert potentiellen Opfern, auf britische Kriegsschiffe zu flüchten, aber die Aufständischen erkannten das Recht auf politisches Asyl in den Konsulaten nicht an, und die portugiesische Polizei übergab alle Flüchtlinge den nationalistischen Grenzposten.

Krieg und Politik waren zu allen Zeiten eng miteinander verbunden. Anarchistische Kolonnen aus Barcelona marschierten nach Huesca und Saragossa und kollektivierten (und katalanisierten gewissermaßen) die Dörfer auf ihrem Weg. Die Schließung der französischen Grenze und ihre spärlichen Verbindungen mit den Kommunisten und auch der Generalitat beraubten die Anarchisten ihres Nachschubs und der politischen Verbindungen, die zur Eroberung der von den Aufständischen besetzten Großstädte notwendig gewesen wären. An der Madrider Front leisteten ungeschulte Milizen heroischen Widerstand, erlitten aber unnötigerweise schwere Verluste in der Sierra. Auf dem flachen Land westlich der Hauptstadt flohen sie vor der gut ausgebildeten, mit Lastwagen herantransportierten Infanterie der Afrikaarmee. Bäuerliche Flüchtlingsfamilien strömten in die Hauptstadt und verbreiteten Berichte über die unbarmherzigen Massenmorde der Invasionsarmee. Unter Führung der kommunistischen und sozialistischen Jugend und mit dem linken Sozialisten Largo Caballero als Premierminister bildete das sogenannte »Fünfte Regiment«

Madrids erste geschulte Streitkraft, die am 5. November, als die nationalistische Armee in die westlichen Vorstädte von Madrid eindrang, vielleicht 30 000 Mann stark war. Zu diesem Zeitpunkt floh die Regierung nach Valencia, und die Generäle Franco und Mola hatten alle Hoffnung, den Krieg durch einen siegreichen Einzug in die Hauptstadt zu beenden. Aber der Widerstand verstärkte sich plötzlich. Tausende von Arbeitern und ihre Frauen gehorchten den Radio-Anweisungen General Miajas und seines Stabes, bereiteten Barrikaden, Suppenküchen und Kommunikationsposten für die Verteidigung der einzelnen Straßen vor. Einige Dutzend sowjetischer Panzer und Flugzeuge lieferten der republikanischen Armee ihre erste moderne Ausrüstung. Offiziere des fünften Regiments gaben militärische Unterweisung und ein Vorbild an Kompetenz. Etwa 2-3000 ausländische Freiwillige, die ersten Kontingente der Internationalen Brigaden, blockierten den Weg der Nationalisten durch das Universitätsgelände und lehrten die spanische Miliz den Bau von Schützenlöchern, die Wachablösung und die Einhaltung des Abstands zwischen den Infanteristen.

In den zehn Tagen nach dem 7. November versuchten die Nationalisten erfolglos, Madrid einzunehmen, und dezimierten bei diesem Versuch ihre überforderten maurischen Truppen. Während die Initiative während des ganzen Krieges bei den Nationalisten liegen sollte, sollte es keine so schnellen Eroberungen wie im Zeitraum vom 18. Juli bis 7. November mehr geben. Beide Seiten begannen, sich auf einen langen Krieg vorzubereiten. In Andalusien rekrutierten die Nationalisten Tausende von ehemals radikalen Bauern, die Queipo de Llanos Rat befolgten, ihre roten Hemden gegen blaue einzutauschen. In Marokko

Teilung Spaniens im November 1936

begannen sie Rekrutierungskampagnen, die in den letzten beiden Kriegsjahren in 100 000 verwegenen, kampfbereiten Infanteristen resultierten. Und im Januar 1937 schickte Mussolini die ersten Kontingente eines schließlich 70 000 Mann starken Beitrags zur nationalistischen Armee. In der republikanischen Zone machten zwischen November 1936 und Februar 1937 General Miaja in Madrid und General José Asensio Torrado, stellvertretender Kriegsminister in der Regierung Largo Caballero, aus der Miliz eine geschulte und disziplinierte Armee. Entscheidend für ihre Ausbildung waren die Aktivitäten der Offiziere des fünften Regiments und einiger tausend Angehöriger der Internationalen Brigaden, von denen viele im Ersten Weltkrieg Kampferfahrung gesammelt hatten. Entscheidend für ihre Bewaffnung waren die wenigen Hundert russischen Piloten, Panzerfahrer und Stabsoffiziere. Als Gegenleistung für

gegenwärtige und zukünftige sowjetische Hilfe verschiffte die Regierung die Goldreserven der Bank von Spanien nach Rußland.
Im Februar nahm eine gemeinsame spanisch-italienische Streitkraft Malaga mit Leichtigkeit ein, aber der Versuch, Madrid vom Süden her zu umzingeln (Schlacht am Jarama), wurde ein teurer Fehlschlag. Im März versuchte eine gemeinsame spanisch-italienische Streitkraft von 50 000 Mann, Madrid vom Norden her zu erreichen. Das Zusammentreffen von schlechtem Flugwetter, Demoralisierung der italienischen Infanterie und republikanischer Kampffähigkeit verhinderte diesen Versuch (Schlacht um Guadalajara). General Franco wandte seine Aufmerksamkeit jetzt dem Norden zu. Bilbao war aus verschiedenen Gründen ein besonders wichtiges Ziel. Die baskische Unterstützung der Republik widersprach der nationalistischen Behauptung, daß alle Katholiken zu ihrem Lager gehörten, und hinderte sowohl die Kirche Frankreichs als auch den Vatikan daran, den »Kreuzzug« von ganzem Herzen zu unterstützen.[5] Industrie und Kapital der Basken waren eng mit England verbunden, und solange eine eigene baskische Regierung funktionierte, sollten Englands herrschende Klasse und Marine in ihren Empfindungen gespalten sein. Die Eroberung des Nordens sollte auch den Italienern die lang ersehnte Gelegenheit geben, sich für ihre Erniedrigung bei Guadalajara zu rächen, und Artillerie, Luftflotte und Fernmeldeeinheiten der Deutschen zu Felderfahrung verhelfen.
Dieser Feldzug zeichnete sich durch das ungeschminkte Bemühen um *Schrecklichkeit* aus, der zum berühmtesten Ereignis im gesamten Krieg werden sollte: die Bombardierung Guernicas durch italienische und deutsche Flugzeuge

am 26. April.[6] Zwar waren schon andere baskische Städte bombardiert worden, aber Guernica war die traditionelle Hauptstadt des Baskenlandes. Als das Ereignis in Europa Schlagzeilen machte, wurden sich die Leser plötzlich dessen bewußt, was Flugzeuge der Zivilbevölkerung in einem zukünftigen Krieg antun könnten. Für den Luftmarschall Hermann Göring war Guernica nur eines in einer Reihe von Experimenten mit Spreng- und Brandbomben. Als Antwort auf die weltweite Empörung verlangte Hitler, daß die Franco-Regierung die deutsche Beteiligung leugnen solle. Die Nationalisten erklärten dann, die »Roten« selbst hätten Guernica verbrannt, eine Lüge, an der sie in den nächsten 30 Jahren standhaft festhielten.[7] In den Monaten nach dem Bombardement schuf Spaniens berühmtester Künstler, Pablo Picasso, der seit langem in Paris wohnte, seiner spanischen Herkunft aber stets bewußt war, das Wandbild »Guernica«, einen der Höhepunkte der Kunst des 20. Jahrhunderts, das allmählich Teil des kulturellen Erbes Spaniens wurde, welches den Haß und die Unaufrichtigkeit des Bürgerkriegs überwindet.

Anfang 1937 baute Premierminister Largo Caballero (zeitlebens sozialistischer Gewerkschaftsführer), der zwischen 1934 und 1936 einer infantilen Linkstendenz erlegen war, den republikanischen Staat allmählich wieder auf. Tatsächlich endeten die »paseos«, wurden die Haftbedingungen in den Gefängnissen sehr verbessert, stellten die Gerichte ordentliche Gerichtsverfahren und die Rechte der Verteidigung wieder her. Die Regierung begrüßte die Bemühungen des Internationalen Roten Kreuzes um den großangelegten Austausch von Kriegsgefangenen, Bemühungen, die mangels Beteiligung seitens der Nationalisten fehlschlugen. Politische Parteien und die Presse in der republikanischen

Zone erfreuten sich eines Grades von Freiheit, der größer war als der, den manch bürgerliche demokratische Regierung in Europa oder den Vereinigten Staaten gewährte. Aber die demokratischen Mächte weigerten sich, dieses Zeichen wahrzunehmen. Die Republik blieb im Hinblick auf die Versorgung völlig abhängig von der Sowjetunion, und innerhalb ihres Territoriums polarisierte sich das politische Denken um die Rollen der sowjetischen »Berater« und der Kommunistischen Partei Spaniens. Die Partei repräsentierte Leistungsfähigkeit und Disziplin sowohl im militärischen als auch im zivilen Versorgungsbereich. Sie verteidigte kleine Geschäftsleute und individualistische valencianische und katalanische Bauern gegen den anarchistischen Kollektivismus. Sie arbeitete, nicht sehr glücklich, mit den sowjetischen Polizeiagenten zusammen, die in Spanien dieselbe unsinnige Säuberungsaktion gegen nichtstalinistische Kommunisten durchführte wie Stalin in Rußland zwischen August 1936 (der Sinowjew-Kamenjew-Prozeß) und März 1938 (der Bucharin-Prozeß).
Während der Regierungszeit Largo Caballeros (September 1936-Mai 1937) verhärteten sich die Fronten. Auf der einen Seite Republikaner, Prieto-Sozialisten und die Kommunistische Partei, die dem bürgerlichen Staat verbunden waren und für das Zurückstellen sozialer Experimente vor dem Gewinn des Krieges, die Abschwächung der stalinistischen Einmischung in die Innenpolitik und die Gewährung militärischer Hilfe von Frankreich und England eintraten. Auf der anderen Seite die linken Sozialisten, die Anarchisten und die kleine, aber ideologisch bedeutende POUM (*Partido Obrero de Unificación Marxista*) von Andrés Nin (einst Leo Trotzkis Sekretär), der im ersten Kriegskabinett der Generalidad als Justizminister gedient hatte (und der

im Juli 1937 von sowjetischen Polizeiagenten entführt und ermordet werden sollte). Für diese Kräfte war der Krieg es nicht wert, gewonnen zu werden, und die begeisterte Beteiligung der Massen wäre nur möglich, wenn die kollektivistische Revolution parallel zum Kampf gegen Franco weitergeführt würde.[8] Was auch immer die theoretischen Verdienste letzterer Einstellung waren, fast alle sowjetischen Waffen und die meisten begabten Administratoren befanden sich im anderen Lager. Largo Caballero versuchte, einen Zusammenstoß innerhalb der Linken zu verhindern, doch seine Auflehnung gegen Stalin machte ihn, vom Standpunkt der wirkungsvollen kommunistischen Propagandamaschinerie aus gesehen, vom »spanischen Lenin« (Sommer 1936) zum halsstarrigen alten Bürokraten, der ausgeschaltet werden mußte (Frühjahr 1937). In der ersten Maiwoche 1937 kosteten Zusammenstöße zwischen den beiden linken Kräften bei Straßenkämpfen und Vergeltungsmaßnahmen in Barcelona etwa 1000 Menschenleben. Eine 1 500 Mann starke, aus Valencia herbeigeholte Sturmgardeformation entschied den Machtkampf zugunsten der pro-kommunistischen Gruppen, und Largo wurde durch einen sehr fähigen Repräsentanten der republikanisch-Prietista-kommunistischen Allianz ersetzt: Juan Negrín.

Während die Kriegführung und die internationale Diplomatie der Republik unter Uneinigkeit litten, wurde die nationalistische Zone unter General Franco zunehmend geeint. Die kurzen Bemühungen der Karlisten und Falangisten, ihn zu beeinflussen, wurden am 19. April 1937 durch die Gründung der *Falange Española Tradicionalista y de las JONS* mit Franco als ihrem unbestrittenen Caudillo mit Bestimmtheit entschieden. Queipo de Llano regierte

Andalusien als feudales Lehen, machte aber Franco die Kontrolle über alle politischen und militärischen Entscheidungen nicht streitig. Mola wurde im Mai 1937 bei einem Flugzeugunglück getötet, und Franco vom Militär, den Funktionären und Geschäftsleuten, der Kirche, den italienischen und deutschen Funktionären, den britischen Vertretern von Diplomatie und Handel in Lissabon und Salamanca und den britischen Marineoffizieren in Gibraltar als unumstrittener Gebieter des nationalistischen Spaniens anerkannt.

In den zwei Jahren von April 1937 bis März 1939 reduzierte General Franco langsam, aber methodisch das republikanische Spanien. Im Juni schloß er mit der Einnahme von Bilbao die Besetzung des Baskenlandes ab. Ende August hatte er den ganzen Norden besetzt. Die Republikaner unterbrachen seinen Siegeszug nur kurz in den Schlachten von Brunete (Juli 1937) und Teruel (Dezember 1937 bis Februar 1938). Erstere war der verzweifelte Versuch, die Eroberung des Nordens hinauszuzögern. Letztere bewies die Befähigung und Zähigkeit der republikanischen Armee und zwang Franco dazu, von einem geplanten Angriff auf Madrid abzusehen. Mangels Nachschubs aber und mangels ausgebildeten Offiziersnachwuchses wurden die republikanischen Offensiven aufgehalten, sobald die Nationalisten Verstärkung zur Verfügung hatten. Der Versuch, an Teruel festzuhalten, brauchte die republikanische Armee zeitweilig auf, und in den vier Wochen vom 15. März bis zum 15. April 1938 besetzten die Nationalisten das östliche Aragonien und den Maestrazgo und stießen bei Vinaroz ans Mittelmeer vor.

Zu dieser Zeit glaubten Präsident Azaña und Verteidigungsminister Prieto den Krieg verloren, und letzterer trat von seinem Posten zurück. Aber der Widerstand verhärtete sich, als die Nationalisten sich auf Valencia zubewegten. Negrín behielt das Vertrauen der wichtigsten militärischen Führer, die Kommunisten unterstützten seine Politik des fortgesetzten Widerstandes, und die Franzosen öffneten einige Wochen lang die Grenzen, um die dort schon lange angesammelten sowjetischen Waffen nach Spanien gelangen zu lassen. In der Schlacht am Ebro (24. Juli–15. November 1938) bewies die republikanische Armee noch einmal ihre Zähigkeit in der Verteidigung und wurde noch einmal von den Nationalisten geschlagen, die eine überwältigende Übermacht an Material besaßen. Die ersten beiden Monate der Schlacht fielen mit Hitlers Nervenkrieg gegen die Tschechoslowakei zusammen. Am 30. September unterzeichneten England, Frankreich, Italien und

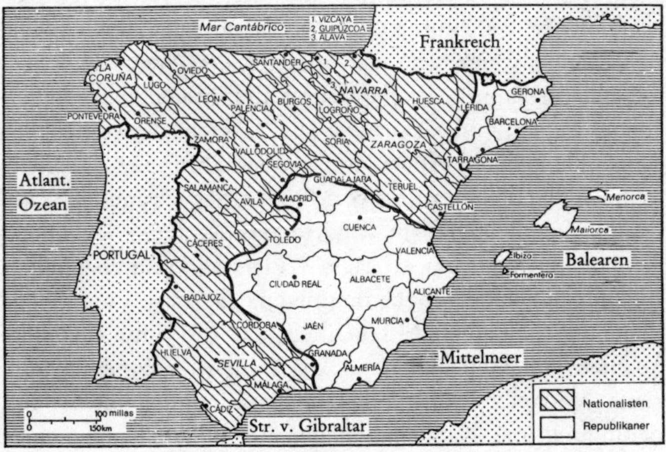

Teilung Spaniens im November 1937

Deutschland das Münchner Abkommen, wobei die Westmächte Hitler das einzige demokratische Land und die bestbewaffnete Kleinmacht in Mittel-Ost-Europa auslieferten.

Nach München konnte niemand mehr glauben, daß die demokratischen Mächte der spanischen Republik jemals helfen würden. Als die nationalistische Armee Ende Dezember in Katalonien eindrang, stieß sie nur auf sporadischen Widerstand. Am 9. Februar 1939 hatte sie die gesamte Grenze in den Pyrenäen besetzt, und eine halbe Million Spanier hatten im französischen Roussillon Zuflucht gesucht. Die Republik hielt immer noch ungefähr ein Viertel Spaniens, das in etwa begrenzt wurde von Valencia, Madrid, Ciudad Real und Almería. Negrín wollte den Widerstand so lange weiterführen, bis ehrenhafte Übergabebedingungen ausgehandelt werden konnten. Die Kommunisten unterstützten ihn, doch seine besten militärischen Berufs-Kommandeure, Vicente Rojo und Manuel Matallana, weigerten sich weiterzumachen. Am 27. Februar erkannten England und Frankreich die Franco-Regierung an, und Azaña trat als Präsident der sterbenden Republik zurück. Am 5. März übernahm eine Madrider Junta unter der Führung von Oberst Segismundo Casado und Julián Besteiro, in Madrid das Kommando, unterdrückte den kommunistischen Widerstand und ersuchte in Burgos um Übergabebedingungen. General Franco bot keine an, bis auf die Möglichkeit, daß die Junta-Offiziere Spanien verlassen könnten. Am 1. April nahmen er und seine Vertreter in der zentralen Zone die totale und bedingungslose Kapitulation der republikanischen Armee entgegen.

Überblickt man den Bürgerkrieg als ganzes, kann man

sagen, daß die Spanier auf beiden Seiten mit großem Heldenmut und großen Zielvorstellungen kämpften, daß aber der Ausgang eindeutig von ausländischer Intervention bestimmt wurde. Betrachten wir die Angelegenheit zunächst aus republikanischer Perspektive: Die Ankunft russischer Flugzeuge von bester Qualität Ende 1936 war sowohl militärisch als auch psychologisch für die Verteidigung Madrids entscheidend; die Internationalen Brigaden, die schließlich 35-40 000 Mann zählten, waren für die Verteidigung des Universitätsgeländes, für die Ausbildung der republikanischen Armee und als Stoßtrupps in den Schlachten am Jarama und bei Brunete entscheidend.[9] Insgesamt einige Hundert russische Panzer, mehrere Artillerie-Batterien aus dem Ersten Weltkrieg und 5-700 hervorragende russische Flugzeuge ermöglichten die kurzen republikanischen Offensiven bei Brunete, Teruel und am Ebro. Bis zu 2 000 russische Piloten, Techniker und Offiziere der Geheimpolizei kontrollierten den Einsatz der russischen Waffen und hatten großen Einfluß auf Beförderungen, Amtsenthebungen und sporadische Meuchelmorde innerhalb der republikanischen Armee und der Nachhut. Die französisch-britische Politik der Nichteinmischung lieferte die Republik völlig den Sowjets und dem Schwarzmarkt aus.

Aus nationalistischer Perspektive betrachtet, war die ausländische Intervention noch entscheidender. Franco hätte die Afrikaarmee Anfang August 1936 ohne die Ankunft der ersten italienischen Bomber und deutschen Transportflugzeuge nicht über die Meerenge von Gibraltar bringen können. Mola hätte seine Gruppen ohne amerikanisches Benzin nicht so schnell von Navarra und Galicien in die Sierra Guadarrama bewegen können. Nach dem fehlge-

Teilung Spaniens Ende Juli 1938

schlagenen Versuch im November, Madrid einzunehmen, waren alle Offensiven der Nationalisten von Nachschub und Truppen aus dem Ausland abhängig: circa 750 italienische und 600 deutsche Flugzeuge; etwa 200 deutsche mittlere Panzer und einige hundert italienische Panzerkampfwagen; deutsche Fernmeldeausrüstungen und bewegliche Flugabwehr-Artillerie; italienische Unterseeboote und Überwasserfahrzeuge verstärkten die Marine der Nationalisten; etwa 70 000 italienische Soldaten, 10 000 deutsche Piloten, Techniker und Ausbilder; bis zu 100 000 Marokkaner, die während des Krieges rekrutiert wurden; und einige Tausend portugiesische Soldaten, Lastwagenfahrer, Grenzposten und Polizisten.[10]

Der sogenannte (völlig falsch betitelte) Nichteinmischungsausschuß wurde im März 1936 auf französisch-britische Initiative hin gebildet. Sein erklärtes Ziel war, den

Krieg auf die Halbinsel zu beschränken, und eigentlich erreichte er dieses Ziel auch, doch der Nutzeffekt seiner Operationen und der britischen Diplomatie lag in erster Linie darin, die nationalistischen Kriegsanstrengungen zu unterstützen. Die erklärten Funktionen des Ausschusses waren sehr begrenzt. Die Unterzeichner (England, Frankreich, Italien, Deutschland, Portugal und die Sowjetunion) verpflichteten sich, keiner Seite Kriegsmaterial zukommen zu lassen. Was als Kriegsmaterial galt, wurde nicht definiert; es gab keine Verpflichtungen hinsichtlich »Freiwilliger« und keine Vorschriften für die Kontrolle des Luftverkehrs. Beschuldigungen gegen die Sowjets wurden ausführlich und mit der angemessenen moralischen Entrüstung diskutiert. Vorwürfe gegen Portugal, Italien und Deutschland wurden »aus Mangel an Beweisen« durchweg im stillen Kämmerlein abgehandelt.

Man verlangte eine See-Kontrolle, die aber erst am 19. April 1937 in Kraft trat und nur bis zum 23. Juni desselben Jahres funktionierte. Großbritannien und Frankreich patrouillierten entlang der nationalistischen Küste. Die See-Kontrolle war autorisiert, den Bestimmungsort von sich Spanien nähernden Schiffen zu »verifizieren«, durfte aber die Ladung nicht inspizieren, geschweige denn konfiszieren. Italien und Deutschland patrouillierten entlang der republikanischen Küste. In ihrem Gebiet sperrten sie die republikanischen Häfen vor, während und nach der offiziellen Patrouille, die zwei Monate dauerte, einfach ab. 56 italienische Unterseeboote, plus 25 Kreuzer und Zerstörer, spürten alle Schiffe auf, die sich republikanischen Häfen näherten.[11] Lieber als Schiffe gebrauchte man italienische und deutsche Flugzeuge dazu, Frachtschiffe zu versenken, bis Mussolini sich im Juli und August 1937 auch zum

Einsatz seiner Unterseeboote entschied. Das war selbst den Engländern zuviel, und sie beriefen im September 1937 die Konferenz von Nyon ein, die sich mit »Piraterie« im Mittelmeer befassen sollte. Die Versenkungen durch Unterseeboote hörten danach auf, nicht aber diejenigen aus der Luft. Die Rüge, die England Italien erteilt hatte, wirkte sich auf die Unterstützung der Nationalisten keineswegs störend aus, denn unter den bombardierten oder versenkten Schiffen war keines, das Versorgungsgüter an Franco lieferte.
Großbritannien und Italien waren am 16. April 1938 so weit versöhnt, daß zwischen ihnen ein Flottenvertrag unterzeichnet werden konnte; zum Teil vielleicht, um die Ankunft der Nationalisten am Mittelmeer zu feiern, und auf jeden Fall, weil Premierminister Chamberlain und die meisten spanischen und europäischen Herrscher glaubten, daß der Bürgerkrieg innerhalb weniger Wochen enden müsse. Der Vertrag schloß eine Klausel ein, in der festgelegt wurde, daß seine Bedingungen erst in Kraft träten, wenn Italien eine »beträchtliche« Anzahl seiner Soldaten zurückgeführt hätte. General Franco weigerte sich, die Angelegenheit überhaupt in Betracht zu ziehen, bevor man ihm nicht die Rechte von Kriegführenden zugestanden hatte. Es reichte nicht aus, daß alle Mächte bis auf Rußland und Frankreich seine Sache aktiv unterstützten. Er forderte von ihnen auch, seine Regierung als die einzig rechtmäßige anzuerkennen. Im November 1938, nach der zermürbenden Schlacht am Ebro, wurden ungefähr 10 000 Italiener repatriiert, gleichzeitig wurden die letzten 10 000 Mann der Internationalen Brigaden aus der republikanischen Armee abgezogen. Zu dieser Zeit hatte das Münchner Abkommen, das die Tschechoslowakei auseinanderriß, Franco aller Sorgen enthoben, daß die demokratischen

Mächte ihre Politik ändern und der Republik Waffen verkaufen würden. Es war wohl nicht übertrieben, wenn sowohl Präsident Azaña als auch Premierminister Negrín wiederholt von der »italienisch-deutschen Invasion Spaniens« und der »Farce« der Nichteinmischung sprachen. Internationale Hilfe außer derjenigen Italiens und Deutschlands war genauso entscheidend für den Sieg der Nationalisten. Gleich am Anfang verkauften Ölgesellschaften im internationalen Hafen von Tanger an pronationalistische Schiffe, nicht aber an die republikanische Marine. Bei Gibraltar setzten die Engländer ihre Suchscheinwerfer ein, um den nationalistischen Schiffen nachts zu helfen. Während des ganzen Krieges wurden die Nationalisten von amerikanischen Gesellschaften ständig mit Öl und Lastwagen versorgt. Juan March hatte das englische Flugzeug gechartert, das General Franco von den Kanarischen Inseln nach Marokko flog. In London sorgte die *Kleinwort*- Bank für die Finanzierung von Nachschub, der in Ländern mit Sterling- oder Dollar-Währung gekauft worden war. March finanzierte auch die Verschiffung italienischer Flugzeuge nach Spanien. Britisches Führungspersonal in den Rio-Tinto-Minen und vielen Sherry- und Fracht-Unternehmen an der andalusischen Küste kooperierte bereitwillig mit den Generälen Franco und Queipo de Llano. Auch französische, belgische und Schweizer Finanzkreise halfen den Nationalisten mit Mitteln, die noch nicht dokumentarisch belegt werden können und die vielleicht aufgrund des gesetzlich festgelegten Bankgeheimnisses und der Zerstörung von Beweismaterial niemals nachweisbar sind. Aber die vorhandenen Beweise zeigen eindeutig, daß die Nationalisten militärisch, diplomatisch und finanziell von europäischem und amerikanischem Kapi-

tal ebenso massiv unterstützt wurden wie von ihren erklärten Verbündeten Italien, Deutschland und Portugal.[12]
Für die Innenpolitik bedeutete der Triumph der Nationalisten die völlige Niederlage der Liberalen und der Linken, worunter nicht nur die Strömungen, wie sie in den 30er Jahren definiert wurden, zu rechnen sind, sondern alle demokratischen und säkularisierenden Kräfte, die seit der Zeit der Französischen Revolution in Spanien existierten. Auf internationaler Ebene festigte der Sieg Francos die Achse Berlin–Rom. Zusammen mit der Auflösung der Tschechoslowakei vervollständigte er die Ziele der britischen »Beschwichtigungspolitik« und förderte die faschistische Herrschaft in Europa und die diplomatische Isolierung der Sowjetunion – eine Politik, für die sich Stalin umgehend mit der Unterzeichnung des deutsch-russischen Abkommens vom 22. August 1939 rächen sollte.
Für die Spanier war der Bürgerkrieg eine der härtesten politischen Lehren. Sie erfuhren, was eine militärische Herrschaft dem Gefüge des zivilen Lebens antut und wie manche Menschen unter dem Einfluß abstrakter, selbstgerechter Slogans zu wahren Mördern werden. In Madrid, Guernica und Barcelona waren sie die ersten, die großangelegte Luftangriffe erlebten. Als einziges westeuropäisches Volk erfuhren sie unmittelbar die zynische stalinistische Ausbeutung der Ideale der Volksfront. Sie lernten die Gefahren einer infantilen Linkstendenz sowohl in politischer als auch in ökonomischer Hinsicht kennen, und auch, daß ein Bürgerkrieg eine kleine Nation den Großmächten auf Gedeih und Verderb ausliefert. In dem bitteren Frühjahr von 1939 war das Bewußtsein, für bewundernswerte, aber utopische und fehlgeleitete Ideale gekämpft zu haben, für beide Seiten der einzige Trost.

Kapitel IV

Repression und Autarkie

(1936-1958)

In den ersten Tagen der militärischen Rebellion waren sich die Aufständischen über ihre langfristigen Ziele selbst nicht im klaren. Ihre Aussagen betonten die Wiederherstellung der öffentlichen Ordnung, hatten aber keine spezifisch katholischen oder monarchistischen Inhalte. Nach dem Unfalltod General Sanjurjos war es klar, daß Franco der wichtigste Führer werden würde, und am 29. September 1936 ernannte ihn die Burgos-Junta zum »jefe del gobierno« und militärischen Oberbefehlshaber. Am 1. Oktober erließ Franco eine Verfügung, in der er sich selbst als »jefe del estado« bezeichnete, und trotz der vertraulich geäußerten Einwände der Generäle Mola und Cabanellas sollte er vom 1. Oktober 1936 bis zu seinem Tod am 19. November 1975 tatsächlich Staatsoberhaupt und unangefochtener Diktator sein.[1]

Kein anderer Herrscher im gesamten Verlauf der spanischen Geschichte und relativ wenige moderne europäische Herrscher haben eine solch absolute Herrschaft ausgeübt. Weder Philip II. noch der Conde-Duque de Olivares besaßen die physischen Mittel zur Herrschaft, die General Franco zur Verfügung standen. Napoleon I. beherrschte 15 Jahre lang das ideologische, politische und militärische Leben Frankreichs, und Adolf Hitler war zwölf Jahre lang absoluter Herrscher über Deutschland. Metternich und Bismarck besaßen beide 30 Jahre lang weitreichende

Machtbefugnisse, aber ihre Autorität hing sehr stark von der anhaltenden Unterstützung durch ihre dynastischen Souveräne ab. Lediglich Zar Nikolaus I., der von 1825 bis 1855 in Rußland regierte, und der Diktator Josef Stalin, der von 1928 bis 1953 die absolute Macht besaß, lassen sich mit Generalissimo Franco vergleichen.

Diejenigen, die in einem mächtigen Regenten dramatische, deutlich erkennbare oder besonders eindrucksvolle intellektuelle Züge suchen, neigen dazu, Franco als mittelmäßig zu charakterisieren. Er war jedoch besessen von all dem Ehrgeiz, der Selbstdisziplin, dem Führungsbewußtsein und der taktischen Geschicklichkeit, die den politischen Erfolg ausmachen. Im allgemeinen wählte er fähige Minister aus und übertrug ihnen die notwendige Autorität über ihre Fachressorts.[2] Entsprechend den politischen und wirtschaftlichen Notwendigkeiten wechselte er sie regelmäßig aus. Er zog politisch so ehrgeizige Generäle wie Queipo de Llano und Yagüe und Zivilpersonen wie José María de Areilza und Manuel Fraga Iribarne aus dem Rampenlicht zurück, wann immer ihr Prestige sein eigenes auch nur im geringsten hätte schmälern können. Der einzige, der während der ganzen Diktatur Francos ein hohes Amt innehatte, war der farblose und vollkommen loyale Luís Carrero Blanco. Francos Selbstsicherheit und Willensstärke beeindruckten alle Botschafter, mit denen er zu tun hatte. Er war in der Lage, sich regelmäßig einige Tage pro Woche beim Jagen, Fischen oder Malen zu entspannen. Er hatte kulturelle Ambitionen, die er auf verhältnismäßig unauffällige Weise befriedigte, wenn man das Potential seiner Macht berücksichtigt. Sein anonym veröffentlichter kurzer Roman *Raza* feierte die Disziplin, den Patriotismus, die Genügsamkeit und den Heroismus der Fremdenlegion als

die besten Eigenschaften der spanischen »Rasse«. Bescheiden erlaubte er Andrés Sáenz de Heredia, einem Vetter José Antonios und früherem Schüler von Luis Buñuel, *Raza* zu verfilmen. Er beteiligte sich an der Ausgestaltung einiger Teile des Valle de los Caídos, des Kriegerdenkmals und Mausoleums, in dem er selbst beigesetzt werden sollte. In späteren Jahren telefonierte er häufig mit den Fernsehstudios und gab seine Kommentare zu den Kostümen, Bühnenbildern und der Eignung ideologischer Inhalte der vielen Programme, die er sich ansah.[3]
Während seiner 39jährigen Herrschaft galt seine Sorge vornehmlich der Aufrechterhaltung der öffentlichen Ordnung, dem Höchstmaß an Unabhängigkeit in der Außenpolitik und der Präsenz der römisch-katholischen Kirche im öffentlichen Leben und in der Erziehung. Seine größten Phobien waren der Kommunismus und die Freimaurerei. Sein Sinn für Realitäten ließ ihn in den 60er Jahren wirtschaftliche und politische Beziehungen zu kommunistischen Ländern aufnehmen. Bis zum Ende seiner Tage jedoch war er bereit, irgendwelche unerfreulichen Ereignisse den Machenschaften der »internationalen freimaurerisch-jüdischen Verschwörung« zuzuschreiben. Während des Bürgerkriegs und bis zur drohenden Niederlage der Achsenmächte, d. h. in den Jahren 1936-1944, baute er seine Autorität auf der Grundlage massiver Repression auf. Zwischen 150 000 und 200 000 Menschen wurden eliminiert, mit oder ohne das Urteil eines Kriegsgerichts.[4] Eine seiner letzten politischen Handlungen war die Bestätigung der Todesurteile für fünf vermeintliche baskische Terroristen im September 1975. Doch zumeist verließ er sich nach 1944 auf die Erinnerung an den Terror, um die Linke nicht aufkommen zu lassen, und auf finanzielle Korruption, um

diejenigen Militärs oder Falangisten zu neutralisieren, die zu Gegnern seines Regimes hätten werden können. Gleichzeitig verdeutlicht nichts seine ungeheure politische Geschicklichkeit besser als die Tatsache, daß er es verstand, seine diktatorische Macht trotz der ständigen Abhängigkeit von militärischer und wirtschaftlicher Hilfe aus dem Ausland und trotz der beispiellosen Geschwindigkeit der Entwicklung von Industrie und Städten während der zweiten Hälfte seiner Regierungszeit aufrechtzuerhalten.

Zu Beginn war es Francos höchstes politisches Ziel, die Reformen der republikanischen Ära rückgängig zu machen, ohne sich selbst auf irgendeinen Zeitplan für die Wiedereinsetzung der Monarchie festzulegen. Am 19. April 1937 löschte er alle Spuren der vorhandenen politischen Parteien aus, indem er die alfonsischen Monarchisten, die Karlisten, die National-Syndikalisten, die die Anhänger Ramiro Ledesmas waren, und die Falange zur *Falange Española Tradicionalista y de las JONS* verschmolz. Diese Partei, die später unter dem ihr angemessenen farblosen Namen *Movimiento* bekannt werden sollte, hatte keine andere Funktion, als zu gehorchen und die Befehle des Caudillo weiterzuleiten. Im Oktober ernannte er General Severino Martínez Anido, der während der Primo-Diktatur Innenminister gewesen war und während der 20er Jahre die CNT wirkungsvoll unterdrückt hatte, zum »Chef der inneren Sicherheit und öffentlichen Ordnung«, um die Repression zu zentralisieren und zu militarisieren. Im Januar 1938 bildete er in einer Zeremonie, die ganz bewußt das nationalistische Regime mit dem Ferdinands und Isabellas in Verbindung brachte, seine erste Regierung.[5] Die Minister selbst repräsentierten eine sorg-

fältige ausgewogene Mischung militärischer, katholischer, falangistischer und monarchistischer Interessen.
Im März 1938 wurde die Zivilehe abgeschafft, und ein *Fuero de Trabajo* (Arbeitsgesetz) definierte Arbeitsverhältnisse nach einem paternalistischen, faschistischen Muster, das jegliche unabhängige organisatorische Betätigung verbot. Im April wurde das katalanische Autonomiestatut aufgehoben und offiziell die Pressezensur eingeführt. Ein *Servicio Nacional de la Reforma Económica Social de la Tierra* wurde eingerichtet. Nach dessen programmatischer Rhetorik sollte auch Landverteilung ein Ziel sein. Seine wahre Funktion war es, den Besitzern all die Ländereien zurückzugeben, die entweder unter dem Gesetz zur Agrarreform von 1932 oder von der republikanischen Regierung während des Krieges konfisziert worden waren. Im Mai wurden die Jesuiten eingeladen, ihre Orden in Spanien wieder neu zu gründen. Im September wurde die Säkularisierung der Friedhöfe durch die Republikaner wieder zurückgenommen, und Alfons XIII. (der weiterhin in Rom lebte, wo er 1941 starb) erhielt offiziell seine Besitztümer und das Bürgerrecht zurück. Im Februar 1939, als der Krieg deutlich seinem Ende zuging, wurde als Grundlage für die legale Bestrafung all jener, die sich dem *Movimiento Nacional* seit dem 1. Oktober 1934 mit Wort oder Tat widersetzt hatten, ein »Gesetz über Politische Verantwortung« verkündet. Einige Millionen Spanier hätten zur Rechenschaft gezogen werden können, und mehreren Hunderttausend wurden als Sympathisanten der asturischen Bergleute oder der katalanischen Autonomisten, als Mitgliedern der republikanischen Linken oder der UGT bzw. CNT, als militärischen oder zivilen Gegnern der Erhebung vom 18. Juli Scheinprozesse gemacht. Im

Juli 1939 wurde die Repression durch das *Ley contra la Celebración de Asambleas Públicas* (Gesetz gegen die Abhaltung öffentlicher Versammlungen) verschärft, und die Staatssicherheit im März 1940 durch das *Ley contra Masonería y Comunismo* (Gesetz gegen Freimaurerei und Kommunismus) und im März 1941 durch das *Ley de Seguridad de Estado* (Staatssicherheitsgesetz) erhöht. Im September 1939 wurde auch das von den Republikanern erlassene Scheidungsgesetz aufgehoben, und im November hachte das staatliche Budget für den Klerus alle Ergebnisse der republikanischen Gesetzgebung nach Artikel 26 rückgängig.

Obwohl General Franco unzweifelhaft die Diktatur als Regierungsform einer »unorganischen« Demokratie vorzog und obwohl er seiner Dankbarkeit für die deutsche und italienische Hilfe während des Bürgerkriegs Ausdruck verlieh, stellte er eine unabhängige Außenpolitik über seine persönlichen Präferenzen. Im Mai 1939 unterzeichnete er ein wichtiges Abkommen mit Deutschland, nahm jedoch auch bald die wichtigsten Handelsbeziehungen mit England wieder auf, und im August 1939 erhielt er von den Vereinigten Staaten ein Darlehen von 14 000 000 Dollar für den Kauf von Baumwolle. Nach den überwältigenden deutschen Siegen an der Westfront im Mai-Juni 1940 besetzte Spanien die internationale Stadt Tanger und gab das Konsulatsgebäude, das 1919 von den siegreichen Alliierten konfisziert worden war, den Deutschen zurück. Während der Schlacht um England, im August 1940, wurde Francos Begeisterung für Deutschland durch seine Bewunderung für Winston Churchill und seine vorausschauende Erkenntnis, daß Deutschland nicht dazu in der Lage war, die Kapitulation Englands zu erzwingen, gedämpft. Während des übrigen Jahres kooperierten seine Strategen mit den Deutschen bei der Planung der Operation Felix, dem beabsichtigten Angriff auf Gibraltar, aber in allen Diskussionen um einen möglichen Eintritt Spaniens in den Krieg forderte er, wie er selbst sehr wohl wußte, einen lachhaft hohen Preis: Gibraltar, Französisch-Marokko, Oran, die Vergrößerung des spanischen Besitzes in Río de Oro und Guinea; Versorgung mit Weizen, Öl, Phosphaten, Gummi und Baumwolle, was Deutschland überhaupt nicht zu liefern in der Lage war. Zur selben Zeit ersuchte er die Vereinigten Staaten für ähnliche Güter um ein Darlehen von 100 000 000 Dollar.

Das deutsch-russische Abkommen von August 1939 hatte den aggressiven Anti-Kommunismus des Diktators zwangsläufig gedämpft, aber der deutsche Einfall in Rußland am 22. Juni 1941 ermöglichte es ihm, nach seinen geheimsten Wünschen zu handeln. Von August 1941 bis Oktober 1943 kämpfte die Blaue Division als aktiver Verbündeter des deutschen Kreuzzugs gegen die Bolschewisten vor Leningrad. In seiner Ansprache zur Jahresfeier des Putsches am 18. Juli 1941 erklärte er, daß die Westmächte den Krieg verloren hätten, und stellte Spaniens Politik eher als Politik des »Nicht-Kriegführens« (mit dem Westen) denn der »Neutralität« dar. Als die deutsche Invasion zum Stillstand kam und nachdem die Vereinigten Staaten durch den japanischen Angriff auf Pearl Harbor im Dezember 1941 in den Krieg hineingezogen worden waren, war er jedoch bereit, wenn es ihm beliebte, Schritte zur Gründung einer »organischen Demokratie« zu unternehmen. So schuf er im Juli 1942 die »Cortes«, deren *procuradores* (Bevollmächtigte) Berufsgruppen, Kommunen und Sippen-Oberhäupter repräsentierten. Die Cortes

wurden berufen; sie verabschiedeten zwar keine Gesetze, aber sie waren ein Resonanzboden, und in den 60er Jahren ließen sie sich sogar auf sanfte Ausprägungen »konstruktiver« Kritik ein.
Während des ganzen Krieges fuhr Franco fort, der deutschen und italienischen Marine Nachschub, Hafenplätze und Radioanlagen zur Verfügung zu stellen, allerdings nur in dem Ausmaß, in dem er noch sicher sein konnte, England und die Vereinigten Staaten nicht so zu verärgern, daß sie die Öl- und Lebensmittelimporte einstellten. Im Jahre 1943, als Deutschland sich schon in der Defensive befand, aber noch nicht der totalen Niederlage entgegensah, erläuterte Franco gegenüber den amerikanischen und britischen Botschaftern wiederholt seine Idee, daß die Westmächte mit Hitler Frieden schließen und sich mit ihm gegen das »gottlose Rußland« zusammentun sollten. Im Januar 1944 verlangten England und die USA die Einstellung der Wolfram-Lieferungen an Deutschland, eines Metalls, das für die deutsche Kriegsproduktion unentbehrlich war. Er weigerte sich, die Öllieferungen wurden zeitweise unterbrochen, und der bourbonische Thronprätendent Don Juan sandte dem Generalissimo ein Telegramm, in dem er erklärte, daß nur die Wiederherstellung der Monarchie Spanien vor der Rache der Alliierten und einem erneuten Bürgerkrieg retten könne. Franco blieb unverzagt und verhandelte genauso langsam wie immer. Im Mai 1944 erklärte er sich damit einverstanden – als Gegenleistung für eine ausdrückliche Erklärung Premierminister Churchills, in der dieser seine Regierung als eine freundlichgesinnte, beständige, mit der die Alliierten in Zukunft bereitwillig zusammenarbeiten wollten, bezeichnen sollte –, die Wolfram-Exporte zu reduzieren. Don

Juans Bemühungen tat der Caudillo als freimaurerisches Komplott ab. Während der zweiten Hälfte des Jahres 1944 exportierte er mehr Wolfram nach Deutschland als in irgendeinem vorhergehenden Halbjahr. Zudem gewährte er Flugzeugen des Alliierten Transport-Kommandos die Landeerlaubnis auf spanischen Flugplätzen. Dennoch bewies der Caudillo seine geistige Unabhängigkeit von Deutschland gerade in dem Punkt, in dem Hitler sich am fanatischsten gebärdete, nämlich der Entschlossenheit, die Juden auszurotten. Ob Franco sich dabei seiner eigenen wahrscheinlichen *converso*-Abstammung von seinen Vorfahren mütterlicherseits, den Bahamondes, bewußt war oder nicht – er drückte Hitler gegenüber unverblümt den Wunsch aus, die sephardischen Juden auf der Balkanhalbinsel zu retten, und seine Grenzpolizei ließ aus Frankreich fliehende Juden Spanien in Richtung Portugal durchqueren. Insgesamt entgingen auf diese Weise vielleicht 50 000 europäische Juden dem Krematorium.[6]

Zwischen 1940 und 1952 (und bei einigen vereinzelten Aktionen, die noch 1963 stattfanden) sah sich Franco dem Guerilla-Widerstand gegenüber. Aufgrund der physischen und geistigen Isolation Spaniens von Europa ist es äußerst schwierig, die tatsächliche Bedeutung dieses Widerstands abzuschätzen. Züge und Busse in allen Gebirgsgegenden führten bewaffnete Wachen mit sich, aber niemals wurden in der Presse irgendwelche Kämpfe erwähnt. Kleine Widerstandsgruppen operierten während der 40er Jahre in den asturischen Bergen, und sie wurden im allgemeinen in großem Ausmaß von der Bevölkerung geschützt. Ende 1944 überschritten etwa 5000 republikanische Veteranen, die sich mit der französischen Widerstandsbewegung zusammengetan hatten, die Grenze zum Valle de Arán.

Eine Streitmacht von 20 000 Armeesoldaten und Angehörigen der Guardia Civil wurde ausgeschickt, die »Invasion« abzuwehren. Innerhalb von drei Wochen hatte sich etwa die Hälfte der Gruppe nach Frankreich zurückgezogen. Circa 1500 starben bei Kämpfen oder wurden gefangengenommen, und vielleicht 1000 entkamen, um in den folgenden Monaten und Jahren an weiteren Guerilla-Aktionen teilzunehmen.[7] Alle Berichte über andere Guerilla-Aktionen nennen so kleine und schlecht ausgerüstete Gruppen, daß solch ein Widerstand für die Regierung kein ernst zu nehmendes logistisches Problem gewesen sein kann. Moralisch aber mag es sehr wichtig gewesen sein, den Widerstandsgeist gerade in jener Dekade am Leben zu erhalten, in der das Regime am grausamsten und in seiner Selbstdarstellung am »triumphalsten« war.

In den Nachkriegsjahren 1947-1950 verlangte die Weltmeinung, Spanien als faschistisches Regime, das die Sache der Achsenmächte unterstützt hatte, zu isolieren. Eine Resolution der Vereinten Nationen vom Dezember 1946 bewirkte den Abzug, bis auf die argentinischen, vatikanischen und portugiesischen, aller Botschafter aus Madrid, und die Franzosen schlossen ihre Grenze bis Anfang 1948. Der diplomatische Boykott dauerte bis November 1950, als die UN ihre eigene Resolution von 1946 annullierten. Soviel auch immer während des Bürgerkriegs geschehen war, die Interessen englischer und amerikanischer Kapitalisten sorgten dafür, daß Franco das Mindestmaß an Unterstützung erhielt, das für das Überleben seines Regimes notwendig war. Der faktisch wichtigste Verlust, der sich aus dem Boykott ergab, war, daß Spanien nicht vom Marshall-Plan profitierte, der so viel zum Wiederaufbau Westeuropas beitrug. Dr. Negrín bot der moralischen Entrüstung

der vereinten Linken die Stirn, als er für die Marshall-Plan-Hilfe für Spanien eintrat und dies damit begründete, daß ein Konjunkturaufschwung notwendige Voraussetzung für die Wiederherstellung der Demokratie sei. Mit dem Beginn des »Kalten Krieges« 1947 war es sehr unwahrscheinlich, daß die Westmächte irgend etwas zur Absetzung General Francos unternehmen würden; aber daß er in den ersten Nachkriegsjahren überlebte, wurde sicherlich durch die völlige Unfähigkeit von Don Juan, Gil Robles und Indalecio Prieto erleichtert, glaubwürdige Vereinbarungen zur Wiederherstellung einer konstitutionellen Regierung zu erzielen.
Neben der öffentlichen Ordnung und einer unabhängigen Außenpolitik war dem Caudillo an der möglichst vollkommenen gegenseitigen Unterstützung von Kirche und Staat gelegen. Die militärische Erhebung hatte eine Welle von Kirchenniederbrennungen, Morden an Priestern und Friedhofsschändungen heraufbeschworen. Aus einem reinen Verteidigungsreflex heraus hatte sich die Priesterschaft auf die Seite der Aufständischen geschlagen. Die Mehrheit der Bischöfe war vor 1931 geweiht worden und in ihrer Einstellung royalistisch. Die Drohung, das Regierungs-Budget für den Klerus 1932-33 aufzuheben, hatte die Priesterschaft daran erinnert, wie eng ihre wirtschaftlichen Gewinne an Liegenschaften und Aktien gebunden waren. Der Primas von Spanien, Kardinal Gomá, war nicht nur autoritär, sondern gebrauchte in seinen öffentlichen Reden zwischen 1934 und 1936 auch eindeutig rassistische Wendungen. Innerhalb der Priesterschaft neigte nur Kardinal Vidal y Barraquer von Tarragona dazu, die Republik anzuerkennen. Die Kirche war somit lange vor dem 18. Juli eine anti-republikanische, reaktionäre Kraft.

Unmittelbar nach der Erhebung übergab Bischof Plá i Deniel von Salamanca seinen Palast der Militärregierung. Im August begannen mehrere Bischöfe, von der Erhebung als von einem »Kreuzzug« zu sprechen, und im September gab Plá i Deniel einen Hirtenbrief heraus, in dem er die Sache der Aufständischen als einen gerechten Krieg zur Verteidigung der christlichen Zivilisation charakterisierte. Die Inhaftierung und Exekution einiger Dutzend baskischer Priester im Oktober 1936 führte zum Einschreiten des Vatikans in Salamanca und zu einem Befehl General Francos, solche Ermordungen einzustellen; aber keineswegs die ganze spanische Geistlichkeit sympathisierte mit dem Schicksal ihrer nationalistischen baskischen Brüder. Solange der baskische Widerstand andauerte, war es für die Priesterschaft und den Vatikan jedoch unmöglich, den Nationalisten uneingeschränkte Rückendeckung zu geben. Am 1. Juli 1937 aber gaben sie einen von allen Bischöfen, mit Ausnahme von Vidal und Múgica, gemeinsam unterzeichneten Brief heraus, der die militärische Erhebung als Antwort der gesundesten spanischen Elemente auf die kommunistische Bedrohung und die direkten Angriffe gegen die Kirche rechtfertigte. Auf dem eucharistischen Kongreß in Budapest im Mai 1938 rief Kardinal Gomá die »Roten« auf, ihren nutzlosen Widerstand aufzugeben, und stellte fest, daß nur Waffen Spanien befrieden könnten. Vor seinem Tod im Jahre 1940 drückte er einiges Bedauern über die grausamen und blutigen Säuberungsaktionen aus, und auch Kardinal Segura von Sevilla erhob seine Stimme gegen den weißen Terror. Abgesehen von diesen kleinen Ausnahmen aber (einschließlich der andauernden, abweichenden Position von Kardinal Vidal mit Rom) gab die Kirche General Franco sowohl während

als auch nach dem Bürgerkrieg jede erdenkliche Unterstützung.[8]
Während der 40er Jahre ernannte General Franco auf die »königliche« Art der »aufgeklärten Despoten« des 18. Jahrhunderts neue Bischöfe. Er unterbreitete dem Vatikan sechs Namen. Papst Pius XII. (1939-58) reduzierte die Zahl auf drei, Franco verkündete seine endgültige Wahl, und der Papst »ernannte« den neuen Bischof. Bereitwillig überließ der Generalissimo die gesamte Kontrolle der Grund- und höheren Schulausbildung der Kirche, und ein Gesetz von 1944 verpflichtete die Studenten an den Universitäten dazu, in jedem Jahr ihrer akademischen Laufbahn Religionsunterricht zu belegen.
Von entscheidender Bedeutung für die Hochschulausbildung unter Franco war die Rolle des Opus Dei, 1928 von José María Escrivá de Balaguer zum Zwecke der Erfassung der wirtschaftlichen und intellektuellen Elite Spaniens gegründet, um eine Kirche zu schützen, die von der Gleichgültigkeit in ihren eigenen Reihen und auch von der Kirchenfeindlichkeit unter den Studenten (im Jahre 1928) sowie der Politik der neuen republikanischen Regierung (1931) bedroht war. Im Juli 1936 suchte Escrivá in einer neutralen Botschaft Zuflucht und entkam später nach Burgos. Die religiöse Begeisterung in der nationalistischen Zone war für seine Sendung vorteilhaft, und nach dem Krieg war Papst Pius XII. tief beeindruckt von dem Gedanken an einen Elite-Orden, der in der Welt arbeiten und dazu beitragen sollte, die Kluft zwischen Kirche und weltlicher Gesellschaft zu überbrücken. 1947 erkannte der Vatikan das Opus Dei offiziell als ein »weltliches Institut« der Kirche an.[9]
1936 war die Mehrheit der Universitätsprofessoren in ihrer

Einstellung laizistisch und republikanisch gewesen. Eine große Anzahl war ins Exil gegangen oder ihrer Posten 1939-40 enthoben worden. Die Ausbildungs- und Forschungs-Funktionen der größtenteils krausistischen *Junta para Ampliación de Estudios* wurden von dem neu gebildeten *Consejo Superior de Investigación Científica* (CSIC) übernommen, dessen Vorsitz von 1939 bis 1966 José María Albareda von Opus Dei innehatte. Albareda wiederum verdankte seine Ernennung José Ibáñez Martín, einem Führer der *Acción Católica* und von 1939-1951 Erziehungsminister. Die beiden Männer waren Freunde geworden, als sie im Sommer 1936 als Flüchtlinge in der chilenischen Botschaft waren, und ihre Zusammenarbeit stellte nun sicher, daß die meisten freien Stellen an den Universitäten mit vom Opus anerkannten Katholiken besetzt wurden. In den ersten Jahren nach dem Bürgerkrieg schrieb die Falange die Professorenstellen für Katholiken noch aus, aber von 1943 bis weit in die 60er Jahre dominierten in Spaniens Ausbildungsstätten leidenschaftliche Katholiken.

Die Kirche nahm ihre Möglichkeiten nach 1939 eifrig wahr. In der ehemaligen republikanischen Zone gab es viele »späte Berufungen«. Zehntausende von Katholiken aus der Mittelschicht und der Aristokratie unternahmen nach dem Vorbild des Ignatius geistliche Übungen. Viele frühere Republikaner gingen, aus einer Mischung von Angst und neuerwachter Religiosität heraus, zur Messe, versuchten die unmittelbare Vergangenheit zu vergessen und »schützten« ihre Kinder vor dem Wissen über solche Dinge wie eine sozialistische Partei oder ein regionales Autonomiestatut. »Autoridades y jerarquías«, das heißt zivile, militärische und kirchliche Würdenträger, traten bei zahllosen Feierlichkeiten gemeinsam auf. In den »roten« Städten, in denen die Einstellung bekanntermaßen so unchristlich war wie bei jedem x-beliebigen Urwaldstamm, begann die Missionsarbeit. Pfarrpriester, die vor 1936 als »bajo clero« (niedrige Geistlichkeit) bekannt waren, wurden nun zu »clero parroquial«. Hunderte von Städten wurden dem Heiligen Herzen Jesu oder Marias geweiht. Es kam zu einer bewußten Wiederbelebung der dramatischen, nach außen gerichteten Religiosität des 17. Jahrhunderts: Brüderschaften, Pilgerfahrten, Feste und Prozessionen. Die Schulbücher waren voll von der miteinander verquickten Rhetorik des Faschismus und Christentums: »Mangel an religiöser und moralischer Bildung ... antikatholische, antimilitärische, anti-spanische Tendenz ... auslandshöriger Nachahmungskult ... unsaubere Versuchungen des anderen Geschlechts ... öffentliche Unmoral ... unverschämte Beleidigung des Schamgefühls und Anstands (in bezug auf ausländische Filme) ... Russenfreundlichkeit und Verweichlichung (in bezug auf all das, was in Kunst oder Politik auch nur ansatzweise nonkonformistisch war)«. Diesen Mischmasch von totalitären Schlagworten zwang der Caudillo, der in seinen eigenen Tagen als Militärkadett sehr gern erotische Zeichnungen angefertigt hatte[10], mit selbstgefälliger Befriedigung dem öffentlichen Leben auf.

General Franco war sich der Bedeutung ökonomischer Fragen sehr wohl bewußt, er hatte daran aber kein so persönliches Interesse wie an politischen und kulturellen Dingen. Während des Bürgerkriegs war er oft langsam vorgegangen, nicht nur aus angeborener Vorsicht, sondern weil er Spanien erobern wollte, ohne es physisch zu zerstören. Dennoch hatte der Krieg zu einer ungeheuren

Vernichtung von Menschen und Material geführt. Eine halbe Million Menschen innerhalb der wirtschaftlich aktiven Bevölkerung gingen Spanien entweder im Kampf, durch Exekutionen oder durch Emigration gegen Ende der Feindseligkeiten verloren. 1939 war die Agrarproduktion (im Verhältnis zum letzten Vorkriegsjahr 1935) um 21 Prozent, die Industrie-Produktion um 31 Prozent, das Bruttosozialprodukt um 26 Prozent und das Pro-Kopf-Einkommen um 28 Prozent gesunken. Die Eisenbahnen hatten 40 Prozent ihrer Güterwagen und Lokomotiven und 70 Prozent ihrer Personenwagen verloren.[11] Beinahe die gesamten Goldreserven von ungefähr 559 Tonnen waren in die Sowjetunion versandt worden, um die republikanischen Kriegsanstrengungen zu finanzieren.[12] Zwischen 1940 und 1945 stiegen die Lebenshaltungskosten um 50 Prozent, während das Pro-Kopf-Einkommen um 10 Prozent sank. Unter dem *Fuero de Trabajo* wurden die Löhne auf den Stand von 1936 eingefroren, und es gab keinerlei Tarifverhandlungen. In den frühen 50er Jahren waren Weißbrot, Lederschuhe und Fleisch für den Großteil der Bevölkerung immer noch Luxusgüter. Die vielen statistischen Untersuchungen über die Wirtschaft nach 1939 stimmen in den Details keineswegs überein. Die optimistischeren kommen zu dem Schluß, daß die gesamte Produktion und der Lebensstandard 1951 den Vorkriegsstand wieder erreicht hätten. Kritischere Analysen zeigen, daß die landwirtschaftliche Produktion erst 1958 wieder den Stand von 1929 oder 1935 erreichte und daß die Lebensmittelproduktion pro Einwohner selbst in der Mitte der 60er Jahre den Stand von 1929 noch nicht erreicht hatte. Obwohl die chemische Industrie 1951 ihren Vorkriegsstand erreicht hatte, ist dies für Stahl und Textilien erst 1956 der Fall und für nicht-eisenhaltige Metalle erst 1957.[13] Ohne diese Details wäre es schwierig, die wirtschaftlichen Verluste, die der Bürgerkrieg nach sich zog, auch nur annähernd deutlich zu machen.

Die 40er Jahre waren eine Periode langsamer, schmerzlicher Erholung, mit Einschränkungen, die teils auf die internationalen Umstände, teils auf die politische Philosophie und wirtschaftliche Ignoranz der Regierenden zurückzuführen waren. Von 1939 bis 1945 waren alle Industriemächte in einen Krieg verstrickt, der ihre Produktionsmittel bis aufs äußerste belastete. Von 1945 bis 1950 waren sie gleichermaßen mit ihrem eigenen Wiederaufbau beschäftigt und hatten keine Überschüsse, mit denen sie zum Wiederaufbau eines kleinen, pro-faschistischen neutralen Staates wie Spanien hätten beitragen können. Eine Autarkie, eine Wirtschaft, die allein auf den im nationalen Bereich verfügbaren Mitteln beruhte, war während des Zweiten Weltkriegs einfach eine Notwendigkeit. Aber für Francos politische und wirtschaftliche Berater war es auch eine erstrebenswerte Politik. Sie bewunderten die Art und Weise, auf die Hitler das Problem der Arbeitslosigkeit gelöst und Deutschland mittels einer von der Regierung ausgehenden Mobilisierung der wirtschaftlichen und menschlichen Ressourcen wiederbewaffnet hatte. Sie waren bereit dazu, die Methode, mit der er einen gewinnträchtigen Außenhandel auf der Basis bilateraler Handelsabkommen, Import- und Export-Kontingenten und einer künstlich hochgehaltenen Notierung der deutschen Mark entwickelt hatte, zu imitieren. In der Zeit unmittelbar nach dem Krieg befürworteten sie weiterhin stolz faschistische Wirtschaftsmethoden, zum Teil als Reaktion auf den diplomatischen Boykott und das Beharren der öffentlichen

Meinung in Europa darauf, daß Spanien am Marshall-Plan nicht teilhaben sollte.[14]

1939 verdienten noch 60 Prozent aller Spanier ihren Lebensunterhalt in der Landwirtschaft, und unzählige Tausende von städtischen Arbeitern kehrten in ihre Dörfer zurück, um dem Hungertod zu entgehen. Regierungssprecher predigten zudem die Tugenden des enthaltsamen, aber physisch und moralisch gesunden Landlebens. Die Regierung richtete ein *Instituto Nacional de Colonización* (INC) ein, dessen Ziel es war, auf bewässerungsfähigem Land, das entweder unter- oder überhaupt nicht kultiviert war, von einer Familie zu bewirtschaftende Höfe zu schaffen. Das meiste wirklich fruchtbare, bewässerungsfähige Land wurde aber schon kultiviert, und da das Regime auch an die Heiligkeit des Privateigentums glaubte, stand dem Institut nur sehr wenig Land zur Verfügung, und sehr wenige Bauern erhielten einen Hof. Die mächtigste soziale Klasse im ländlichen Kastilien und in Andalusien waren nicht die dauernd abwesenden adligen Gutsherren, sondern eher die *labradores* (Landwirte), manchmal auch triumphierend *empresarios agrícolas* (landwirtschaftliche Unternehmer) genannt. Dies waren Bauern, die ihr Getreide für den kommerziellen Markt anpflanzten, die ertragreiche mittelgroße Höfe, die teils aus gepachtetem Land, teils aus den Parzellen, die sie besaßen, bestanden, zusammenlegten, und die Maschinen und chemischen Dünger verwandten, sofern sie es sich leisten konnten. Diese *labradores* waren zuverlässige Stützen des Regimes. Um ihretwillen subventionierte die Regierung hohe Getreidepreise, hielt die Löhne niedrig und schüchterte die besitzlosen Landarbeiter durch die ständige Präsenz der Guardia Civil ein.[15] Diese Bauern erzielten in den 40er Jahren hohe Gewinne, aber weder die Produktion noch die Produktivität waren ausreichend für die elementarsten Bedürfnisse Spaniens. Ohne die zwei Millionen Tonnen argentinischen Weizens in den Jahren 1946-48 und ohne amerikanischen Weizen im Jahre 1949-50 wäre eine große Anzahl von Spaniern buchstäblich verhungert.

Dadurch, daß ihr billige Landarbeiter und Kriegsgefangene zur Verfügung standen, konnte die Regierung Landstraßen und den Schienenunterbau instand setzen. Außerdem erleichterte dieser Umstand Fortschritte der *política hidráulica*, die eine der positiven Züge sowohl der Regierung Primo de Riveras als auch der Republikaner gewesen war. In den Jahren 1940-1960 wurden Hunderttausende von Hektar erodierten Hochlandes wieder aufgeforstet, die meisten mit immergrünen Nadelbäumen. Man schuf riesige künstliche Seen, vor allem in den Provinzen von Badajoz und Jaén. Kleinere Seen und Bewässerungskanäle waren in Kastilien und León über das Land verstreut, und viele neue Dämme in den Pyrenäen und den Bergen Asturiens sorgten für kontrollierte Wasserversorgung und aus Wasser gewonnene Elektrizität. Obstruktion durch verbriefte Eigentumsrechte und der langsame Fortschritt in der technischen Entwicklung verhinderten, daß diese neuen Dämme und Kanäle einen so großen Beitrag zur Wirtschaft leisteten, wie es die Regierung erhoffte. Aber selbst ohne Spaniens Landwirtschaft eindeutig zu verbessern, verbesserten sie die Topographie ehemaliger wüstenähnlicher und kahler Gebirgsgegenden. Sie hatten neben dem ästhetischen – auch einen Freizeit-Wert, und ihr wirtschaftliches Potential steht noch heute für eine zukünftige Entwicklung zur Verfügung.

1941 gründete die Regierung das *Instituto Nacional de*

Industria (INI), um Treibstoff, Elektrizität, Stahl, Chemikalien und Zement zu produzieren. Das INI war von Anfang an behindert durch Knappheit und hohe Preise bei importierten Maschinen, und es versuchte, die deutschen Methoden der 30er Jahre nachzuahmen. Von 1939 bis 1948 wurde die Peseta auf einen Kurs von 44 zum Britischen Pfund festgelegt. Abgesehen von den Jahren 1943-44, als sowohl Deutschland als auch die Alliierten für spanische Mineralien hohe Preise boten, schwankte der Wert der Peseta auf dem freien Markt zwischen 70 und 120 zum Pfund. Um den hoch angesetzten Wert der Peseta aufrechtzuerhalten und um direkte Devisentransaktionen auf ein Minimum zu beschränken, stellte die Regierung eine große Menge »besonderer Rechnungen« auf: Spanische Importeure sollten ihre Rechnungen einem spanischen Exporteur bezahlen, der mit demselben Land Handel trieb. Die ausländischen Kunden des Exporteurs bezahlten dessen Rechnungen wiederum in ihrer eigenen nationalen Währung beim Lieferanten des spanischen Importeurs. So benutzten die Importeure und Exporteure in jedem einzelnen Land nur die eigenen Währungen, um ihre Rechnungen zu begleichen. Das System war schwerfällig, langsam und auf bestimmte Produkte und bestimmte Länder beschränkt und eignete sich für jede Art von Betrug. Der Zweck der besonderen Rechnungen war klar: die Begünstigung des Exports von Fertigwaren und des Imports von Rohstoffen sowie die hohe Besteuerung des Imports von Fertigwaren und des Exports von Rohstoffen. Indem dieses System importierte Maschinen verteuerte, erhöhte es die Produktionskosten und trug daher zu den nichtwettbewerbsfähigen Preisen für die sich gerade entwikkelnde Industrie bei. Indem es den Exporteuren landwirtschaftlicher Güter einen ungünstigen Wechselkurs lieferte, besteuerte es die Landwirtschaft zugunsten der Industrie.[16]

Die Kapitalisierung der Industrie durch die Manipulation der Wechselkurse war völlig unzureichend. 1940 wurde das Lippenbekenntnis zur Steuerreform abgelegt, aber die indirekten Steuern waren bereits unerträglich hoch, und alle neuen direkten Steuern hätten diejenigen bezahlen müssen, die sich am Krieg bereichert hatten und die jetzt Teil der siegreichen Minderheit waren. Daher beschaffte die Regierung sich Geld, indem sie Schuldscheine ausgab. Diese Schuldscheine wurden größtenteils von Privatbanken gekauft. Gemäß dem *Ley de Ordenación Bancaria* von 1921 stand es diesen Banken frei, erworbene Schuldscheine bei der Bank von Spanien gegen Geld einzutauschen. Dieser Anspruch wiederum zwang die Regierung dazu, Geld zu drucken, womit sie zur Menge des in Umlauf befindlichen Geldes und kräftig zur Inflation beitrug.[17] Hätte man die meisten dieser neuen Papiere zur Finanzierung einer wirksamen, produktiven und diversifizierten Industrie verwandt, hätten die Resultate auf lange Sicht trotz des schamlosen Rekurses auf die Inflation nützlich sein können. Doch der Großteil davon wurde zum Kauf vorhandener Fabriken, von Land, Häusern, ausländischen Automobilen usw. verwandt. In der Tat kam es zu einer beträchtlichen Ausweitung der Zement-, Stahl- und Schiffsbaukapazitäten, wenn auch um auf den Preis einer großen Bürokratie und eines ausgedehnten Schwarzmarktwesens. Das Schienennetz, das Telefonsystem und die Ölverteilung wurden völlig nationalisiert. Das jedoch war eher eine Prestigefrage als eine Sache der ökonomischen Vernunft, denn Spanien blieb weiterhin von ausländischen

Zulieferern für den Großteil seiner Maschinen und der damit zusammenhängenden Technologie abhängig. Von 1946-1949 lieferte Argentinien unter Perón beträchtliche Mengen Weizen und war das einzige wichtige Land, das zu Spanien freundschaftliche ideologische Bindungen hatte. Diese Freundschaft kühlte ab, als Spanien die Schiffe nicht liefern konnte, die es als Gegenleistung für die vorhergegangenen Weizenimporte bezahlen sollte.

1949 stand die Wirtschaft kurz vor dem Zusammenbruch. Trotz des Systems der besonderen Rechnungen besaß die Peseta nur noch die Hälfte ihres theoretischen Werts, und die Devisenguthaben waren erschöpft. Im Februar 1949 verlängerte die Chase Manhattan Bank ein Darlehen von 25 000 000 Dollar für den Ankauf amerikanischer Lebensmittel und Rohstoffe, und Anfang 1950 stimmte die Export-Import-Bank einem Darlehen von 62 500 000 Dollar zu. Die Gründung der Nato im Jahre 1949 und der Beginn des Korea-Kriegs im Juli 1950 steigerten den Wert Spaniens für die militärischen und politischen Strategen Amerikas. 1953 unterzeichneten die beiden Länder ein »Exekutiv-Abkommen« (es war kein Vertrag, weil die Mehrheit im US-Senat nicht dazu bereit war, Spanien unter Franco als »Verbündeten« anzuerkennen) über militärische und wirtschaftliche Angelegenheiten. Die Vereinigten Staaten erhielten das Recht, Luftwaffenstützpunkte in Torrejón, Saragossa und Morón zu errichten und zu unterhalten, zudem einen Flotten- und einen U-Boot-Stützpunkt bei Rota sowie eine Ölleitung von Rota nach Saragossa. Spanien sollte während der Jahre 1953-59 annähernd 100 000 000 Dollar als kombinierte wirtschaftliche und technische Hilfe erhalten, zusammen mit einer beträchtlichen Wiederausstattung der spanischen Streitkräfte mit kürzlich ausrangierten amerikanischen Waffen.[18] Amerikanisches Geld, zusammen mit dem Beginn des Touristen-Booms löste die finanzielle Krise und erlaubte eine beträchtliche neue industrielle Entwicklung, ohne jedoch das Bank- oder Steuer-System irgendwie zu reformieren.

Die Notwendigkeit des Pakts war eine bittere Pille für die herrschende Klasse der Frankisten. Zieht man alle Nuancen und Artigkeiten ab, bleibt die Tatsache, daß das imperiale, katholische, autoritäre Spanien militärisch und wirtschaftlich von einer protestantischen demokratischen Macht abhängig geworden war, deren gewählter Senat den Pakt nicht ratifiziert hätte, hätte man ihn ihm in Form eines Staatsvertrages unterbreitet. Obwohl die offenen Klauseln Konsultation und gegenseitige Übereinstimmung zwischen den Unterzeichnern im Falle einer militärischen Krise betonten, machten Text und Kontext deutlich, daß Spanien nuklearer Stützpunkt der Amerikaner und im Falle eines Krieges bevorzugtes Ziel der Sowjets geworden war. Die Spanier hätten die Luftwaffenstützpunkte lieber weiter von ihren großen Städten entfernt gesehen, aber ihre Einwände wurden beiseitegeschoben, und die militärisch-wirtschaftlichen Bedürfnisse des Caudillo erlaubten es ihm nicht, darauf zu bestehen. Eine geheime Klausel, über die lange gemunkelt worden war und die erst 1979 veröffentlicht wurde, zerstörte buchstäblich die sorgsam gehütete Unabhängigkeit des Generalissimo in der Außenpolitik. Die Klausel setzte fest, daß »im Fall eines offenkundigen kommunistischen Angriffs, der die Sicherheit des Westens bedroht«, die Vereinigten Staaten ihre Luftwaffen- und Flottenstützpunkte ganz unabhängig gebrauchen könnten. Die einzige Verpflichtung in der geheimen Klausel war, die spanische Regierung »auf schnellstem Wege« zu informieren. Die Aggression brauchte sich nicht direkt gegen Spanien zu richten, und die Definition des »Westens« war den Amerikanern überlassen. General Franco und sein Außenminister, Alberto Martín Artajo, betonten gegenüber der Nation wiederholt, daß das Abkommen die Souveränität Spaniens in keiner Weise berühre.[19]

Verglichen mit der internationalen Behandlung Spaniens in den späten 40er Jahren war das Stützpunkt-Abkommen von 1953 tatsächlich ein diplomatischer Triumph, und in diesem Jahr konnte Spanien auch ein Konkordat mit dem Papst unterzeichnen. Die Kirche hatte Franco stets unterstützt, aber bis 1953 hatte sie gezögert, mit einer Regierung, die von den demokratischen und größtenteils katholischen europäischen Nationen boykottiert wurde, einen Vertrag zu unterzeichnen. Das Konkordat erklärte, daß Spanien ein konfessioneller Staat sei. Weder Proselytismus noch öffentlicher Gottesdienst sollte irgendeinem anderen »Kult« erlaubt sein. Die Regierung sollte alle Ausgaben der weltlichen und Ordens-Geistlichkeit, der Priesterseminare, katholischer Privatschulen, der kirchlichen Universitäten von Deusto (Jesuiten) und Navarra (Opus Dei) subventionieren. Zu den finanziellen Verpflichtungen des Staates gehörte auch die Entschädigung für die *desamortización* (Enteignung) der Kirchengüter, die im 19. Jahrhundert stattgefunden hatte. Die Kirche wurde von allen Steuern befreit, die Anzahl und Aktivitäten der Orden unterlagen keinen Beschränkungen. In gesetzlichen und strafrechtlichen Angelegenheiten unterlag die Geistlichkeit lediglich ihren eigenen Gerichten und Gefängnissen. Die Zivilehe wurde der kirchlichen Ehe untergeordnet, und die einzige Möglichkeit der gesetzmäßigen Trennung war eine Klage vor dem Tribunal de la Rota, der kirchlichen Instanz für Annulierungen. Der Unterricht auf allen akademischen Ebenen sollte katholisch sein, wobei die Kirche das allgemeine Curriculum ebenso überwachte, wie sie auch für den praktischen Unterricht sorgte. Ausgenommen von der religiösen Unterweisung waren allein die Kinder der marokkanischen Moslem. Der Staat verpflichtete sich auch zur Zensur aller Radio- und Fernsehprogramme und jedweder Druckerzeugnisse, die die katholischen Dogmen oder Moralbegriffe beleidigten. In allen bedeutenden Angelegenheiten des Budgets, der kanonischen Gerichtsbarkeit, der Erziehung, öffentlicher Gottesdienste und kultureller Überwachung war dieses Konkordat für die Kirche günstiger als das spanische Konkordat von 1851 oder die existierenden europäischen und lateinamerikanischen Konkordate. In keinem anderen Fall wurden Kirche und Staat beide in thomistischer Terminologie als »societas perfecta« definiert, und in keinem anderen Fall wurde das Prinzip der Konfessionalisierung des Staates so weit getrieben. Als Gegenleistung für ihre außergewöhnlich privilegierte Stellung verpflichtete sich die Kirche, für den Caudillo täglich Gebete zu verrichten, und sie bestätigte das herrschende Vorschlagsrecht, bei dem die endgültige Entscheidung über die Ernennung von Bischöfen bei Franco lag. Daß Franco einen so offenkundig ungleichen Handel einging, lag an seiner persönlichen Entschlossenheit, eine katholische Gesellschaft aufzubauen, und an dem internationalen Ansehen, das seinem Regime durch das Konkordat zuteil wurde.[20]

Im allgemeinen kann man die Dekade von etwa 1946 bis 1956 als den Zeitraum mit dem größten katholischen Einfluß auf allen Gebieten bezeichnen. Durch das Erziehungsministerium und den *Consejo Supremo de Investigación Científica* (Oberster Rat für wissenschaftliche Forschung) kontrollierten katholische Verwaltungsbeamte die höhere Ausbildung. Durch die *Acción Católica* lenkten sie die idealistischen Kräfte eines Großteils der mittelständigen Jugend. Mit den »Arbeiterbrüderschaften« der *Acción Católica* HOAC (gegründet 1946) und der *Juventud Obrera Católica JOC* (1947) unternahmen sie einen ernsthaften Versuch, die Arbeiterklasse zu versöhnen. Die HOAC war in Madrid am stärksten und kam der anarcho-syndikalistischen Tradition, die vor dem Bürgerkrieg bestanden hatte, ideologisch am nächsten. Die JOC dominierte in den baskischen und katalanischen Gebieten und stand ideologisch dem Sozialismus näher. Die Erinnerungen an den Krieg und die physische Repression waren noch so gegenwärtig, daß die weltliche Linke für die Kirche keine Konkurrenz darstellte. Ihr eigenes intellektuelles und geistiges Leben wurde durch die Präsenz non-konformistischer Studenten und Arbeiter, die sich in späteren Jahren vor allem dem Marxismus als einem Weg zur Deutung der Welt zuwenden sollten, bereichert.

Die Regierung lenkte die öffentliche Meinung der Massen mittels eines Kino-Nachrichtenprogramms, dem »No-Do«, das von Dezember 1942 bis einige Monate nach Francos Tod regelmäßig in allen spanischen Kinos gezeigt wurde. Die Inhalte des No-Do waren ziemlich voraussagbar. Zuerst sah man den Caudillo und/oder Dña. Carmen einen neuen Park oder einen Staudamm oder eine Klinik einweihen. Dann kamen einige Szenen aus dem Weltkrieg (später Kriegsszenen aus Korea, Afrika und Vietnam), die dem Publikum zeigen sollten, wieviel glücklicher Spanien als neutraler Staat war, der sich einer Friedensregierung erfreute. Auch Erdbeben, Überschwemmungen, Lawinen und andere Katastrophen außerhalb Spaniens erschienen häufig. Und aus Spanien selbst: Stierkämpfe, Fußballspiele, Volkstänze und religiöse Prozessionen.

Anfang der 50er Jahre bewirkten Darlehen der Amerikaner und deren ökonomische Beratung, zusammen mit dem durch den Tourismus bedingten Ansteigen des ausländischen Devisenguthabens, einen von einer Inflation begleiteten, bemerkenswerten wirtschaftlichen Aufschwung. Streikaktivitäten in den 40er Jahren waren, wenigstens soweit man aus Presseberichten entnehmen kann, auf einen erfolglosen Streik der asturischen Bergarbeiter im Jahre 1947 beschränkt geblieben. Der März 1951 war Zeuge einer disziplinierten und teilweise erfolgreichen Arbeiterbewegung in Barcelona. Ein sechstägiger Boykott der städtischen Straßenbahnen zwang die Regierung dazu, eine Fahrpreiserhöhung rückgängig zu machen. Diesem Erfolg folgte ein Generalstreik von etwa 300 000 Arbeitern gegen den rapiden Anstieg der Lebenshaltungskosten. Die Polizei tötete zwei Demonstranten, und die Arbeiter wurden in die Fabriken zurückgetrieben, aber der Zivilgouverneur, der Bürgermeister und einige Funktionäre der regierungstreuen Gewerkschaften wurden ihres Amtes enthoben. Führende Falangisten und Priester hatten Erklärungen abgegeben, in denen sie die wirtschaftliche Unzufriedenheit der Arbeiter unterstützten, und in den folgenden Monaten wurden einige Lohnerhöhungen gewährt. Die Inflation jedoch überholte die Lohnerhöhungen in den nächsten Jahren in einem solchen Ausmaß, daß die Regierung allein im Jahre 1956 zwei allgemeine Lohnerhöhungen von ungefähr 25 Prozent gewährte.

Das Jahr 1956 erlebte auch das erste Wiederaufleben einer

unabhängigen Studentenbewegung seit dem Bürgerkrieg. Die Universitätsstudenten mußten wie die Industriearbeiter gesetzlich genehmigten Vereinigungen angehören, die innerhalb des »Movimiento« ihre kollektiven Interessen angeblich ohne Klassenkonflikt und ohne zerstörerische materialistische Ideologien wahrnahmen. Im Februar 1956 erlaubte die Regierung zum erstenmal die freie Wahl von Funktionären in den *Sindicato Español Universitario* (SEU), aber die unwillkommenen Ergebnisse der Wahl wurden annulliert. Die Studenten besetzten daraufhin einige Gebäude auf dem Universitätsgelände. Einige Tage später wurde ein junger Falangist bei einer Gedenkfeier für einen falangistischen Studentenführer, der im Frühjahr 1936 getötet worden war, durch einen Schuß in den Kopf schwer verletzt. Woher der Schuß kam, wurde niemals geklärt, aber die Falange beschuldigte sofort die studentische Linke und drohte, als Vergeltungsmaßnahme 100 Madrider Intellektuelle zu ermorden. General Augustín Muñoz Grandes, der Kriegsminister, und General Miguel Rodrigo, Generalkapitän von Madrid, informierten den Caudillo, daß notfall die Armee einschreiten würde, um die Falange daran zu hindern, ihre Drohung wahrzumachen. General Franco ließ sowohl die Falangisten als auch die Studentenführer inhaftieren, und die Universität wurde für zwei Wochen geschlossen. Außerdem entfernte er in seiner typisch salomonischen Art Raimundo Fernández Cuesta, den »Alt-Hemden«-Minister des Movimiento, sowie den liberalen katholischen Erziehungsminister, Joaquín Ruíz Giménez, aus seinem Kabinett. Für diejenigen, die politische Veränderungen wachsam registrierten, war die bedeutendste Tatsache hinsichtlich der studentischen Führung, daß ihr Söhne sowohl der siegreichen

Nationalisten als auch der besiegten Linken angehörten. Der Vorfall illustrierte gleichzeitig die wachsende Verbundenheit zwischen den Generationen: geistige Führerschaft des falangistischen Dissidenten-Dichters Dionisio Ridruejo, vorsichtige Sympathie für die Forderungen der Studenten bei den liberalen falangistischen Rektoren Laín Entralgo (Madrid) und Tovar (Salamanca); gesetzliche Verteidigung der verhafteten Studenten durch José María Gil Robles. Der Februar 1956 kennzeichnete das Ende der Unterwerfung der Universitäten unter die Institutionen und die Disziplin des Movimiento.

In der Mitte der 50er Jahre hatten auch die asturischen Bergarbeiter zu ihrem traditionellen Kampfgeist zurückgefunden. Spaniens Isolierung, sein Bedarf an ausländischen Devisen und seine technische Unterentwicklung hatten die Kohle als Energiequelle für die Industrialisierung und das Transportwesen erneut wichtig werden lassen. Die Produktion hatte von 1941-45 zwei Drittel höher gelegen als in den Jahren 1931-35. In den 20er Jahren hatte die UGT Bergarbeitergewerkschaft Primo de Rivera einen 7-Stunden-Tag abgerungen. 1939 hatte Franco den 9-Stunden-Tag verfügt, und von den Bergarbeitern wurde zudem verlangt, einen vollen Tag im Monat ohne Bezahlung als Beitrag fürs Vaterland zu leisten. Die Regierung war jedoch darauf bedacht, ein gewisses Maß an freiwilliger Mitarbeit zu erreichen. Ende der 40er Jahre verbesserten sich die Löhne im Hinblick auf die Lebenshaltungskosten, der normale Arbeitstag wurde auf acht Stunden herabgesetzt, und der Arbeitsminister, José Girón, tat, was in seinen Kräften stand, um die Werkzeuge zu verbessern und um den Bergarbeitern einen gewissen Schutz vor Feuchtigkeit und Gas in den Gruben zu bieten.

Die rasche Inflation nach 1950 wurde nicht durch äquivalente Lohnerhöhungen ausgeglichen, und 1957 plante die Regierung auch, Einsparungen vorzunehmen, indem sie die gelernten *picadores* (Hauer) ihrer regulären Helfer beraubte, ohne ihnen für eine bestimmte Menge gewonnener Kohle irgendeine Lohnerhöhung zu geben. In dem zweiwöchigen »huelga del guaje« (Streik der Helfer) im März 1937 erreichten die Bergarbeiter die Wiederherstellung des Hauer-plus-Helfer-Systems, und zudem gab ihnen der Streik das Gefühl, daß Solidarität zuweilen wichtiger sein könne als Lohnerhöhungen. In einem dreiwöchigen Streik im März 1958 legten etwa 15 000 Bergarbeiter (ein Viertel von ganz Asturien) sowohl für bessere Löhne als auch für einen 7-Stunden-Tag die Arbeit nieder. Die Streiks waren illegal, die UGT-Zellen blieben im Untergrund, und die Bergarbeiter hatten sich zwanzig Jahre lang geweigert, sich den vertikalen Syndikaten des Movimiento anzuschließen. Als die Arbeitgeber ihnen keine Aufmerksamkeit schenkten (gesetzlich gesehen gab es niemanden, mit dem man verhandeln konnte), begannen die Arbeiter einfach, nach sieben Stunden die Gruben zu verlassen. Als die Arbeitgeber Bußgeldbescheide verschickten, antworteten die Arbeiter darauf, indem sie überhaupt nicht in die Gruben einfuhren. Die Unternehmer verhängten daraufhin eine Aussperrung, die Guardia Civil wurde eingesetzt und Dutzende von Verhaftungen vorgenommen. Der Zweck des Streiks war nun Solidarität, die Forderung nach Freilassung der verhafteten Führer. Die Regierung reagierte mit der Verhängung des Ausnahmezustands. Der Streik wurde niedergeschlagen, und die drückende Repression hielt Asturien von 1958 bis 1962 ruhig.[21]

Während der Jahre 1940-50 verhielten sich die Streitkräfte gegenüber dem Caudillo völlig loyal. Die wenigen Berichte über abweichendes Verhalten von Yagüe, Aranda, García Valiño oder Kindelán dienten nur dazu, Francos vollkommene Macht zu unterstreichen. Die historischen Probleme des Militärs blieben ungelöst: zu viele Offiziere (30 000 im Jahre 1939, 25 000 im Jahre 1953), die für Aufgaben in Friedenszeiten zur Verfügung standen, und Mangel an moderner Ausrüstung. Die Regierung reservierte 80 Prozent der Stellen im Staatsdienst für nationalistische Veteranen. Die INI, die vertikale Gewerkschaftsbürokratie, die nationalisierten Eisenbahnen, der Ölvertrieb und das Telefonnetz, sie alle nahmen entlassene Offiziere und Unteroffiziere auf. Was die Ausrüstung anbelangte, hatten Italien und Deutschland aufgehört, das Militär zu versorgen, sobald der Bürgerkrieg beendet war. Bis zum Beginn der amerikanischen Militärhilfe im Jahre 1953 waren weder neue Artillerie noch Flugzeuge verfügbar, und die meisten der frühen US-Waffen stammten noch aus dem Zweiten Weltkrieg. Im Gegensatz zu den königlichen Regierungen vor 1931 setzte Franco das Militär nicht gegen Streikende und städtische Demonstranten ein. Diese Aufgaben wurden der *Policía Armada* (dem direkten Nachkommen der in der Republik geschaffenen Stoßtrupps) und der Guardia Civil überlassen. Letzteres Korps trug auch die Hauptlast bei den Anti-Guerilla-Operationen in den Pyrenäen und Asturien während der 40er Jahre.

Ende 1955 und bis ins Jahr 1956 hinein wurden Teile des Militärs aus zwei Gründen unruhig. Sie schätzten die verschiedenen Meinungsumfragen unter Studenten nicht, die zeigten, daß die zukünftige bürgerlich regierende Klasse die Offiziere als unkultivierte Untiere betrachtete.

Außerdem waren sie über die Aussicht, Marokko zu verlieren, unglücklich. Solange die Franzosen entschlossen schienen, Marokko trotz der mächtigen nationalistischen Bewegung und trotz der weltweiten Entwicklung zur Dekolonialisierung zu behalten, machte sich Franco in der arabischen Welt lieb Kind, indem er den marokkanischen Guerilleros half. Ende 1955 wurde er von der Ankündigung der Franzosen überrascht, daß sie planten, Sultan Mohammed V. wiedereinzusetzen, und er äußerte seine eigene Meinung, daß Marokko für die Unabhängigkeit noch nicht reif sei. Im Januar 1956 mußte er dem französischen Beispiel folgen, und im April unterzeichnete er ein Abkommen, in dem er die völlig Unabhängigkeit eines wiedervereinten Marokko anerkannte. Die Africanistas waren verletzt, und der Caudillo fand sie mit Solderhöhungen und neuen militärischen Aufgaben in Ifni und der Sahara ab, wo Istiqlal-Kommandos in spanische Stellungen eindrangen.[22]

Kein Kapitel über Spanien in den Jahren nach dem Bürgerkrieg wäre vollständig ohne die Erwähnung der massiven Auswanderung und der Leistung der spanischen Flüchtlinge. Etwa 4-500 000 Republikaner und ihre Familien strömten im Februar 1939 über die katalanische Grenze nach Frankreich. Ungefähr 200 000 kehrten gegen Ende 1939 nach Spanien zurück, die restlichen 2-300 000 jedoch wurden Emigranten. An sich begegneten die meisten französischen Funktionäre und ein beträchtlicher Teil der Landbevölkerung der Notlage der fliehenden Spanier mit Wohlwollen. Aber sie waren völlig unvorbereitet, solche Massen unterzubringen und zu ernähren. Die Soldaten gaben ihre Waffen ab, wenn sie die Grenze überschritten, und alle bis auf ein paar tausend politische Führer und

Akademiker wurden zeitweilig in Lagern an den Stränden zwischen Perpignan und Collioure zusammengepfercht.[23] Unter den Flüchtlingen gab es einen großen Anteil von Industriefacharbeitern. Vielleicht 20 Prozent der Gesamtzahl der männlichen Flüchtlinge waren Metallarbeiter, Mechaniker, Elektriker oder Bauarbeiter, mit Kenntnissen, die während des folgenden Weltkrieges sowohl die Franzosen als auch die Deutschen nutzen sollten. Bäuerliche Flüchtlinge beiderlei Geschlechts schließlich arbeiteten bei den Ernten und als Hausangestellte. Etwa 15 000 junge Veteranen schlossen sich der französischen Fremdenlegion an, und ungefähr 14 000 dienten im Feldzug von 1939-40 in der regulären französischen Armee. Zwischen vierzig- und sechzigtausend schlossen sich später dem Maquis oder den Freien Franzosen an. Ca. 6000 starben während des Zweiten Weltkriegs im Kampf, und qualitativ waren die Spanier wegen ihrer früheren militärischen Erfahrungen außerordentlich wichtig. Annähernd 20 000 starben schließlich in deutschen Konzentrationslagern. Die Sowjetunion nahm ungefähr 6000 Emigranten auf (darunter 2000 Kinder, die während des Bürgerkriegs evakuiert worden waren). Eine beträchtliche Anzahl von Veteranen kämpfte in der sowjetischen Armee, und einige Hundert ihrer Kinder sollten nach 1956 nach Spanien zurückkehren und in ihr Heimatland einen wissenschaftlichen Ausbildungsstand mitbringen, den sie in Spanien während der ersten beiden Dekaden der Herrschaft Francos nicht erreichen konnten.

Zwischen 1939 und 1942 erreichten 15-20 000 Flüchtlinge auch Lateinamerika. Ungefähr die Hälfte ließ sich in Mexiko nieder, und es gab große Kontingente in Venezuela, Argentinien und Chile.[24] Mexiko war außer der Sowjetunion das einzige Land, das die Republik während des Bürgerkriegs unterstützte, und im Exil befindliche Führer und Institutionen waren dort konzentriert. Von Anfang an trennten bittere finanzielle und politische Konflikte diejenigen, die ihre Überfahrt Prietos Organisation verdankten, von denen, die Negrín verpflichtet waren. Bis etwa 1950 nährten die republikanischen Führer die Hoffnung, daß das Franco-Regime zusammenbrechen oder durch diplomatischen, ökonomischen und vielleicht militärischen Druck des Westens gestürzt würde. José Giral, nach dem Tode Manuel Azañas im Jahre 1940 oberster Führer der republikanischen Linken, und Prieto betonten unverändert die Legitimität der historischen republikanisch-sozialistischen Koalition. Aber es kam in keiner nationalen Widerstandsfront eine Einigung über die Rolle der Negrinistas, Kommunisten oder Monarchisten zustande, die man den Alliierten als stabile, zivile Alternative zur Diktatur Francos anbieten konnte.

Letztendlich war die bedeutende Rolle der Emigranten wirtschaftlicher und kultureller Art. Die meisten derjenigen, die Lateinamerika erreichten, waren Personen mit technischer, kaufmännischer und akademischer Ausbildung. Sie trugen beträchtlich zur wirtschaftlichen Entwicklung der Städte in ihren Gastländern bei und spielten für alle Künste und Wissenschaften eine wichtige Rolle. Spaniens beste Dichter und Gelehrte verbesserten überall in Nord- und Südamerika das Niveau in den Abteilungen für spanische Sprache und Literatur enorm: Männer wie Pedro Salinas und Jorge Guillén, Américo Castro und Antonio Sánchez Barbudo. In Frankreich, den Vereinigten Staaten und Puerto Rico trug Pablo Casals zur künstlerischen und intellektuellen Bildung vieler der besten Musiker bei. In England lehrte Josep Trueta 1939-40 britische Chirurgen seine Behandlungsmethode von tiefen Fleischwunden, die er in Barcelona während des Bürgerkriegs entwickelt hatte. Und in der Nachkriegszeit baute er in Großbritannien orthopädische Krankenhäuser aus und machte aus Studenten, die aus aller Welt zu ihm geschickt wurden, orthopädische Chirurgen. In amerikanischen Laboratorien gelang Severo Ochoa, einst Schüler von Juan Negrín, die synthetische Herstellung von Ribonukleinsäure (RNS), wofür ihm 1959 der Nobelpreis für Medizin verliehen wurde. In kultureller Hinsicht war die Repression Francos ein Verlust für Spanien und ein Gewinn für die Welt.

Kapitel V

Wirtschaftliche und soziale Veränderungen

(1950-1975)

1950 begann für Spanien mit dem Ende der diplomatischen Isolation und dem Anfang bedeutender amerikanischer Wirtschaftshilfe eine spektakuläre Ausweitung der industriellen Produktion. Zwischen 1950 und 1970 stieg die Stahl- und Zement-Produktion um das Neunfache, und das Bruttosozialprodukt pro Kopf stieg um das Dreifache. Der Energieverbrauch stieg jährlich um 5-10 Prozent, wobei der anteilmäßige Verbrauch an Kohle zurückging, der der Wasserkraft gleichblieb und der des Öls rapide anstieg. Das Anwachsen der chemischen Industrie war spektakulär. In denselben beiden Dekaden stieg die Produktion von Ätznatron um das Dreieinhalbfache, die von Schwefelsäure vervierfachte sich, die von Salzsäure wuchs um das 25fache, und von Ammonium um das 75fache.[1] In den 50er Jahren lag der Schwerpunkt bei Schlüsselindustrien, Neuausrüstung und Verbesserungen der Straßen und Eisenbahnen. In den 60er Jahren wurden Konsumgüter wichtig, wobei die Produktion von Autos um das Neunfache, die von Fernsehgeräten um das Achtfache und die von Kühlschränken um das 14fache anstieg. Der Schiffsbau, von international wettbewerbsfähiger Qualität, wurde zwischen 1965 und 1970 mehr als verdoppelt, und der steigende Lebensstandard bewirkte, daß die zwischen 1965 und 1970 doppelt so große Ausbeute an Tiefseefischen schnellen Absatz fand. Während dieser beiden Jahrzehnte gab es einen ständigen Boom im Hotelbau, und gleichzeitig entwickelten sich die verschiedenen Dienstleistungsgewerbe, die notwendig waren, um 1953 beinahe zwei Millionen Touristen unterzubringen, beinahe 9 Millionen im Jahre 1962, 17 Millionen im Jahre 1965 und den Rekord von 34½ Millionen im Jahre 1973. Ende der 50er und in den 60er Jahren subventionierte die Regierung auch die schnelle Errichtung von Arbeiterwohnungen, um die behelfsmäßigen Slums, die in den Außenbezirken der größeren Industriestädte wie Pilze aus dem Boden geschossen waren, zu ersetzen. Der Lebensstandard der Arbeiter verbesserte sich in den 50er Jahren sehr wenig, doch von 1960 bis 1973 stiegen die Reallöhne schneller als die Preise, und die Arbeiter hatten ein frei verfügbares Einkommen, das sie für Konsumgüter, sportliche Ereignisse und Urlaub verwandten, was ihnen nie zuvor möglich gewesen war. Ende der 50er Jahre konnten sich die meisten Spanier ein Fahrrad, ein Radio, Lederschuhe und einige Fleischmahlzeiten in der Woche leisten. Die Hausarbeiten wurden mit bunten Plastikutensilien, Reinigungsmitteln und bequemen Wachs- und Politurmitteln verrichtet. Ende der 60er Jahre konnten sich die meisten Stadt-Bewohner einen Farbfernseher, ein kleines Auto, einen Kühlschrank und eine Waschmaschine, einen zwei- bis dreiwöchigen Urlaub im Jahr leisten; und viele mieteten oder kauften sich eine Hütte im Gebirge oder an der Küste.

Ein solch beispielloses wirtschaftliches Wachstum brach mit jeder Art wirtschaftlicher Autarkie und führte zum finanziellen Chaos. 1957 schaffte die Regierung das unbequeme System der multiplen Wechselkurse ab und wertete die Peseta um bescheidene 7 Prozent ab. Diese Veränderung war nicht einschneidend genug, um den spanischen

Exporteuren zu helfen, sie vergrößerte das vorhandene ernste Problem der Devisenreserven, mit denen Rohstoff- und Maschinen-Importe bezahlt werden mußten, die nun teurer wurden. Die Regierung versuchte, die Wachstumsrate zu drosseln, indem sie die Zinssätze erhöhte und die Bedingungen für die Aufnahme von Krediten erschwerte. Außerdem änderte sie die Steuergesetze auf eine Weise, die ihre Einnahmen sofort anwachsen ließ. 1959 übernahm sie in Absprache mit europäischen und amerikanischen Banken einen wichtigen Plan zur Stabilisierung. Steuern und Zinssätze wurden erhöht, ebenso die Kosten für viele öffentliche Dienstleistungen und Versorgungsbetriebe wie Eisenbahn, Telefon und Treibstoff. Die Zölle wurden gesenkt, und Lizenzbedingungen wurden für ca. 50 Prozent der Importe abgeschafft. Öffentliche Ausgaben wurden eingeschränkt in der Absicht, die Bedeutung des INI nach und nach zu reduzieren und die wirtschaftliche Bedeutung des Privatkapitalismus zu fördern. Die Gehälter wurden eingefroren und die Peseta um weitere 30 Prozent abgewertet. Gleichzeitig sollten Kredite nur von Privatbanken gewährt werden, und die Importeure mußten bei der Bank von Spanien eine Summe hinterlegen, die etwa 25 Prozent des Wertes der beabsichtigten Importe entsprach. Um besorgte Spekulanten zu beruhigen und Devisenguthaben zu vermehren, bot die Regierung für die Rückführung von Kapital, das illegal bei ausländischen Banken deponiert war, eine allgemeine Amnestie an. Die vielleicht wichtigste Maßnahme zur Bekämpfung der Inflation war das Verbot des *pignoración*-Verfahrens, mit dem die Privatbanken die Bank von Spanien gezwungen hatten, Geld zu drucken, um ihre Guthaben an Regierungsanleihen einzulösen. Schließlich leitete das Programm eine

Reihe von Zollsenkungen ein, die die spanische Industrie dazu zwingen sollten, wettbewerbsfähiger zu werden und Spanien für einen eventuellen Eintritt in die EWG vorzubereiten. Zwischen 1962 und 1968 wurde der effektive Schutzzoll (unter Berücksichtigung der verschiedenen Währungs- und Bankmanipulationen sowie der veröffentlichten Zoll-Listen) für Gebrauchsgüter um etwa 80 Prozent, für Maschinen um 50 Prozent herabgesetzt, und für Transportgeräte praktisch abgeschafft. Der durchschnittliche Schutzzoll für Fabrikanten wurde insgesamt beinahe halbiert.[2]

Die Einführung des Stabilisierungsprogramms wurde von einem 546 000 000 Dollar-Darlehen des Internationalen Währungsfonds und der Export-Import-Bank begleitet. Mit dem Programm konnten die Löhne, Preise und der Kurs der Peseta schnell stabilisiert werden. Unterstützt durch geringere Importe und den anhaltenden Touristen-Boom machte das Programm außerdem die Kapitalabwanderung rückgängig, die das Land 1958 an den Rand des Bankrotts gebracht hatte. Es verursachte zwar zeitweilig beträchtliche Arbeitslosigkeit und den Verlust von Überstundenbezahlung. Aber innerhalb eines Jahres wurde der Rhythmus des Wirtschaftswachstums wiedererlangt, und in den 60er Jahren hatte man die Inflation besser unter Kontrolle als in der vorhergehenden Dekade. Das Programm half auch beträchtlich bei der Kapitalisierung neuer Industrien. Ausländische Geldgeber konnten 50 Prozent des Aktienkapitals einer spanischen Firma erwerben (gegen Ende der 60er Jahre 100 Prozent) und ihren Gewinn praktisch uneingeschränkt retransferieren. Das trug dazu bei, den Kreditdruck zu lösen, und führte eine große Vielfalt neuer Produkte und Technologien ein, verstärkte aber auch sehr das Maß, in dem die spanische Wirtschaft von multinationalen amerikanischen und europäischen Giganten beherrscht wurde.

Die Maßnahmen von 1959 waren wesentlich für die geordnete Finanzierung der wirtschaftlichen Entwicklung Spaniens, und ihnen folgten die drei Entwicklungsprogramme von 1964-67, 1968-71 und 1972-75. Ziel dieser Programme war es, eine durchschnittliche Wachstumsrate von 6 Prozent beizubehalten, die Inflation unter Kontrolle zu halten, das Ansteigen des Pro-Kopf-Einkommens sicherzustellen und billige Wohnblöcke zu bauen, verschiedene Kranken- und Sozialversicherungen auszuweiten und die industrielle Entwicklung regional zu diversifizieren. So schuf das Programm von 1964 eine Reihe von *polos de desarrollo* (Entwicklungspolen): Coruña, Sevilla, Valladolid, Burgos, Vigo und Saragossa. Die Ansiedlung moderner Industrien auf der kastilisch-aragonischen Meseta ließ voraussehen, daß das innere Plateau eines Tages zum erstenmal seit dem späten Mittelalter Spaniens bevölkerungsreichstes Gebiet werden würde. In Wahrheit aber war der Massen-Exodus aus den Dörfern trotz dieser Bemühungen der Regierung, die teilweise von dem Wunsch hervorgerufen worden waren, die Bedeutung der katalanischen und baskischen Industrie zu verringern, auf drei Hauptgebiete ausgerichtet: Madrid, Großraum Barcelona und die baskischen Provinzen. Das waren auch die Gebiete, in denen das Pro-Kopf-Einkommen seit 1960 am höchsten war. Analysen der Einkommens-*Verteilung*, und nicht des einfachen *Durchschnitts*-Pro-Kopf-Einkommens z. B., deuten darauf hin, daß das Netto-Einkommen sich für die meisten Gehaltsempfänger zwischen 1964 und 1973 nicht erhöhte. Die Kosten für die Fürsorge-Unterstützung, und bis zu einem gewissen Grad für Beihilfen, stiegen, aber der statistische Anstieg des Pro-Kopf-Einkommens war hauptsächlich den hohen Gewinnen, Überweisungen von Emigranten und der beträchtlichen Zunahme der Lohnempfänger zuzuschreiben. Eine andere Möglichkeit, die gleichbleibend ungleiche Einkommensverteilung aufzuzeigen, ist die Beobachtung, daß die Gehälter 1971 etwa 50 Prozent des Nationaleinkommens in Spanien ausmachten, während sie 65 Prozent in der gesamten EWG und beinahe 69 Prozent in Westdeutschland betrugen.[3] Auch der Nutzen des neuen Wohnungsbaus war durch den Mangel an Schulen, Straßen und zuverlässiger Wasser- und Elektrizitätsversorgung eng begrenzt. In vielen Fällen wurden die Häuser selbst falsch gebaut und verloren innerhalb einiger Jahre deutlich an Wert. Eine wichtige Form von Bürgerinitiativen war um 1970 die Bildung zahlreicher *asociaciones de vecinos* (Nachbarschaftsvereinigungen), um technische und bürokratische Irrtümer zu beseitigen oder Schadenersatz zu erhalten.

Außerhalb der Stadt- und Industriegebiete gab es zwischen 1950 und 1973 bedeutende Schwächen in der wirtschaftlichen Entwicklung. Die Agrarproduktion nahm kaum am Wachstum teil. Die Weizenproduktion, von der Madrider Regierung stets gefördert, stieg gegen Ende der 60er Jahre um etwa 20 Prozent im Verhältnis zu den Gesamterträgen des Zeitraums 1950-64. Die Bananenproduktion stieg innerhalb dieser zwei Dekaden um ein Drittel, die von Zuckerrüben, Zitrusfrüchten, Olivenöl und Wein jedoch schwankte beträchtlich, ohne irgendeinen klaren Aufwärts-Trend zu verzeichnen. Die Baumwollproduktion fiel um mehr als die Hälfte, und der Kartoffelanbau nahm langsam ab. Im Verhältnis zu den 40er Jahren gab es

tatsächlich viele neue Silos und Mähdrescher, und man machte ausgiebigen Gebrauch von chemischem Dünger. Aber 1965 wurden spanische Bauernhöfe immer noch mit nur etwa 20 Prozent des Durchschnitts der Bauernhöfe in der EWG kapitalisiert. Qualität und Produktivität waren unzureichend, und Lebensmittelimporte mußten gesteigert werden, um eine wachsende Bevölkerung zu ernähren, die sich gleichzeitig eines steigenden Lebensstandards erfreute. Die Milchwirtschaft expandierte vor allem in den nördlichen Provinzen, aber die Regierung schützte die Milchpreise nicht im selben Maß wie den des Weizens. Die bedeutende neue Nahrungsmittelindustrie wurde von ausländischen Aktiengesellschaften beherrscht: Speiseöle von der CIASA, mit 50 Prozent amerikanischem Kapital, Danone (Joghurt) mit 75 Prozent französischem Kapital, verschiedene Kraft-Niederlassungen mit praktisch 100 Prozent amerikanischem Kapital.[4]
Das Entwicklungsprogramm von 1964 hatte eine 20prozentige Erhöhung in den Budgets der Ministerien vorgesehen, aber der tatsächliche Anstieg der Ausgaben lag eher bei 120 Prozent. Gegen Ende der 60er Jahre hatten die vertikalen Gewerkschaften, die bei Arbeitsverhältnissen keine wichtige Rolle mehr spielten, einen Beamtenapparat von etwa 35 000.[5] Im allgemeinen veränderte der neue Wohlstand die alten spanischen Gewohnheiten nicht, mehrere nicht sehr gut bezahlte Teilzeitjobs auszuüben, zuviel Zeit auf die Fahrt zwischen den Jobs und zuwenig Zeit zum Schlafen aufzuwenden, und infolgedessen die Arbeit unzureichend auszuführen (wenigstens an westeuropäischen und amerikanischen Maßstäben gemessen). Die Arbeitslosigkeit wurde während der letzten Dekade der Franco-Ära mehr und mehr zum Problem. Die Situation

wäre schlimmer gewesen, wenn mehr Wert auf Produktivität gelegt worden wäre und wenn es gesetzlich möglich gewesen wäre, zu große Belegschaften durch Entlassungen zu verringern. So hatte das schlampige wirtschaftliche Verhalten einen menschlichen Aspekt, und wer (außer einem fanatischen Befürworter der »Technisierung des Menschen«) wollte sagen, daß überflüssige Arbeiter in Industrie und Dienstleistungsbetrieben hungern sollten, damit die Produktivitätsstatistiken blühten?

Zwei weitere wirtschaftliche Schwächen waren für die spanische Entwicklung vom finanziellen Standpunkt aus kostspielig. Die Mehrheit der industriellen Verfahrenstechniken war weiterhin von ausländischer Technologie abhängig. Viele der Maschinen wurden jetzt in Spanien gebaut, und die Kunststoffe, Chemikalien und Pharmazeutika wurden jetzt im Lande selbst von spanischen Ingenieuren, Technikern und qualifizierten Industriearbeitern hergestellt. Aber die Patente gehörten den multinationalen Firmen, und die Kosten für die Nutzung dieser Patente waren ganz genauso hoch wie für die früheren Direktimporte ausländischer Erzeugnisse. Das Beispiel der pharmazeutischen Erzeugnisse fällt besonders ins Auge. Anfang der 50er Jahre waren Aspirin, einige wichtige Beruhigungsmittel und Sulfonamide ziemlich billig. Anfang der 70er Jahre gab es mehr als 15 000 Handelsmarken auf dem Markt, obwohl etwa 300 Substanzen die Grundlage sind für die Vielfalt der Medikamente von denen der menschliche Körper von Zeit zu Zeit profitieren kann. Die Ärzte haben keine Zeit, unter Tausenden von ganz ähnlichen kommerziellen Präparaten zu unterscheiden. Ärzteschaft und Öffentlichkeit werden mit kostspieliger Werbung bombardiert, deren Kosten natürlich auf den Preis der Pharmazeutika aufgeschlagen werden.

Zur gleichen Zeit, als sie von einer Masse ausländischer Patente für Produkte von oft zweifelhaftem Wert abhängig sind, geben spanische Firmen und die Regierung durchschnittlich weniger als 20 Prozent dessen aus, was französische und deutsche Firmen für die Forschung ausgeben.[6]

Es ist keineswegs unvermeidlich, daß die Beanspruchung ausländischen Kapitals und ausländischer Technologie eine dauernde Unterordnung der eigenen Wirtschaft unter ausländische Interessen schafft. Am Beispiel des deutschen Kaiserreichs und der Vereinigten Staaten zwischen 1870 und 1914 zeigt sich, daß ausländisches Kapital zur Förderung des Industrialisierungsprozesses eingesetzt werden kann, ohne ihn zu beherrschen. Allerdings bildeten Deutschland und die Vereinigten Staaten genügend Führungskräfte aus und zogen genug Wissenschaftler heran, so daß sie proportional gesehen niemals so abhängig vom ausländischen »know-how« waren wie Spanien. 1975 hatte Spanien gerade begonnen, die Art von Büchereien, Laboratorien und praktischer wissenschaftlicher Ausbildung zu entwickeln, die solches Personal hervorbringen sollte. Doch selbst unter den krassesten finanziellen Bedingungen würden die Investitionen in die benötigte Ausbildung weit weniger kosten als die fortwährende Bezahlung der Lizenzgebühren für die Nutzung ausländischer Patente.

Schließlich ist es bei der Bewertung der Ergebnisse der Stabilisierungs- und Entwicklungsprogramme wichtig, sich an die Bedeutung des Tourismus und der Auswanderung zu erinnern. Zwischen 1961 und 1971 nahmen etwa 300 000 Arbeiter in den EWG-Ländern, der Schweiz und Skandinavien Stellen in Industrie- oder Dienstleistungsbetrieben an.[7] Die Überweisung fremder Währungen nach Spanien überstieg um mehr als das Zweifache die jährlichen Gewinne der traditionell starken Zitrusfrucht-Export-Branchen. Während der 60er Jahre waren die günstige Zahlungsbilanz und die andauernde Zahlungsfähigkeit für Maschinen- und Fertigwaren-Importe von den ungeheuren Einnahmen aus dem Tourismus abhängig. Zusammenfassend kann man sagen, daß die Jahre 1960-1973 Zeuge einer noch nie dagewesenen industriellen Expansion und beträchtlicher Verbesserungen im Lebensstandard des Durchschnittsbürgers waren. Aber es gab auch eine Anhäufung von Schwächen und Abhängigkeiten, die den Fortschritt zerbrechlich machten.

Die schnelle wirtschaftliche Umwälzung brachte ebenso schnelle soziale Veränderungen mit sich. Die Zahl der Industriearbeiter, von denen es vor dem Bürgerkrieg etwa zwei Millionen gegeben hatte, war am Ende der Franco-Ära auf über vier Millionen gestiegen. Diese Arbeiter waren in ihrer Ideologie Anarchisten oder Marxisten, und ihre zwei großen Arbeiterverbände, die CNT und die UGT, waren durch den Krieg und die folgende Repression praktisch zerstört worden. Die Konzessionen, die 1951 zur Zeit des Straßenbahnstreiks in Barcelona gemacht wurden, zeigten, daß die Regierung die Arbeiter versöhnen wollte, aber streng innerhalb des bestehenden Obrigkeitssystems. Die Abhängigkeit von amerikanischer Wirtschaftshilfe machte es erforderlich, sich wenigsten den Anschein von geringerer Repression, weniger militärischem und hierarchischem Denken zu geben. Durch HOAC und JOC unterstützte die junge städtische Priesterschaft die wirtschaftlichen Forderungen der Arbeiter. Der Niedergang der Autarkie bedeutete auch einen Niedergang der Rolle der Falange im Industrie-Management. Die Falangistas waren deshalb um so mehr darauf bedacht, ihre Rolle als Sprecher der Arbeiter zu behalten, und José Solís Ruiz, von 1957 bis 1969 Minister des Movimiento, unterstützte Forderungen der Arbeiter auf den Gebieten der Löhne und der Sozialversicherung.

Anfang 1958 versprach die Regierung wirkliche Wahlen, mit einer Auswahl von Kandidaten, von Arbeitervertretern innerhalb der vertikalen Syndikate. Aber weiterhin manipulierte sie die jährlichen Wahlen, und 1962 organisierten die Fabrikarbeiter *comisiones obreras* (Arbeiterkommissionen), die zwar illegal waren, mit denen Arbeitgeber und Regierung aber in zunehmendem Maße als den einzigen vertrauenswürdigen Vertretern verhandelten, mit denen feste Abkommen gewerkschaftlicher Art geschlossen werden konnten. Die *comisiones* wurden von Kommunisten geführt, aber ihre Ziele waren viel mehr wirtschaftlicher als politischer Art. Theoretisch waren alle Arbeiter in einer bestimmten Fabrik Mitglieder dessen, was die Führer, die notwendigerweise die Euphemismen der autoritären Gesellschaft, innerhalb deren sie arbeiteten, imitierten, als »organisierte Bewegung« bezeichneten, nicht aber als »Organisation«. Ihre Veröffentlichungen erwähnten weder den Sozialismus noch alternative Gesellschaften. Sie wandten gesetzliche Methoden innerhalb der Strukturen der vertikalen Gewerkschaften an. Ihre Hauptforderungen galten den Lohn- und Arbeitsbedingungen, inklusive Fragen der Diskriminierung aufgrund von Alter und Geschlecht. Einer politischen Forderung am nächsten kam die Forderung nach der Wiedereinstellung von Arbeitern, die wegen organisatorischer Aktivitäten entlassen worden waren.[8]

Die Bedeutung der *Unión Sindical Obrera* (USO) trat

hinter der der *comisiones* zurück. Diese Gruppe umfaßte eine große Anzahl von Katholiken und weltlichen Radikalen, die bereit waren, mit den *comisiones* auf unmittelbarer praktischer Ebene zusammenzuarbeiten, die aber der Kommunistischen Partei mißtrauten, die sie für die kontrollierende Kraft hinter den *comisiones* hielten. Die USO rief nach einem »selbstverwalteten Sozialismus«, und ihre Literatur zeigte die verschiedenen Einflüsse von sozialem Katholizismus, utopischem Sozialismus, Anarchismus und jugoslawischen Doktrinen des dezentralisierten Sozialismus. Auch die UGT reorganisierte sich Ende der 60er Jahre. Nachdem sie als der (wenn nicht in Zahlen, so doch nach Aktionen) stärkste Verband vor dem Krieg massiver Repression ausgesetzt gewesen war, arbeitete sie heimlicher als CCOO oder USO, und sie verweigerte den Beitritt zu den vertikalen Syndikaten als eine Form der »Kollaboration« mit Institutionen, die die Diktatur eingesetzt hatte. In den vielen Streiks während der letzten Dekade der Herrschaft Francos arbeitete sie mit der CCOO zusammen und brachte gleichzeitig politische Forderungen vor, die traditionelle demokratische Rechte, Gleichheit der Frau, Scheidung und Abtreibung einschlossen. Die Betonung der demokratischen Rechte stellte einen bedeutsamen Wechsel gegenüber der Einstellung der 30er Jahre dar. Zu jener Zeit hatten sowohl die Anarchisten als auch die Kommunisten demokratische Rechte verächtlich als »bourgeoise« Freiheiten abgetan. Repression im eigenen Land und Bestürzung über die drückende Bürokratie und den Konformismus des sowjetischen »Modells« führten die Arbeiter dazu, die Rechte auf Rede-, Presse-, Organisationsfreiheit und freie Wahlen eher als *menschliche* denn als rein bourgeoise Rechte zu schätzen.

Wieder einmal, wie 1933-34 und 1957-58, war Asturien der Prüfstein für die Kampfbereitschaft der Arbeiter. Das Stabilisierungsprogramm mit seinen eingefrorenen Gehältern war, während die Preise 1960-61 weiterhin stiegen, besonders hart für die Arbeiter gewesen. Im April 1962 streikten die Grubenarbeiter unter der Führung der »comisiones de obreros« in jeder einzelnen Grube. Die Regierung erklärte den Ausnahmezustand, schickte Truppen und die Guardia Civil und nahm mehrere hundert Verhaftungen vor. Die Arbeiter blieben beinahe sechs Wochen der Arbeit fern, und schließlich handelte der Minister des Movimiento, José Solís, wobei er die Hierarchie der vertikalen Verbände ignorierte, mit den *comisiones* ein Übereinkommen aus, das sowohl Lohnerhöhungen als auch die Freilassung der während des Streiks Verhafteten einschloß. Innerhalb einiger Wochen streikten etwa 400 000 weitere spanische Arbeiter mit wechselndem Erfolg. Im August 1962 streikte mehr als die Hälfte der Grubenarbeiter erneut, und der Streik wurde schnell durch die Deportation von etwa 200 Militanten in andere Provinzen gebrochen. Im Juli 1963 brachten die nun viel besser organisierten *comisiones* des gesamten Bergbau zum Stillstand. Das Streikprogramm vereinigte Verbesserungen im Gehalts-, Pensions- und Gesundheitswesen mit Forderungen nach unabhängigen Gewerkschaften, Streikrecht und – das Wichtigste – der Rückkehr der Deportierten. Die Regierung führte die schwerste repressive Aktion seit 1934 durch, die französische Presse machte den Kampf international publik, und 100 Madrider Intellektuelle unterzeichneten ein Manifest, in dem sie die Repression und die sie begleitenden Folterungen durch die Polizei verurteilten. Der Streik wurde niedergeschlagen, aber wachsender

Kampfgeist und ununterbrochene Streikaktivitäten mit wenigstens teilweisen Erfolgen sollten ab 1963 für die Industrie- und Bergbaugebiete charakteristisch sein.[9]
Die Streiks wurden in der Presse euphemistisch als »Arbeitseinstellungen« bezeichnet. Die Regierung erklärte häufig den *estado de excepción,* den Ausnahmezustand, um die Repression vor der Öffentlichkeit geheimzuhalten und die Anführer ohne Prozeß auf unbestimmte Zeit im Gefängnis festzuhalten.[10] Den Strafverteidigern, die gelegentlich sagten, daß ihre Mandanten gefoltert worden seien, wurde von den meisten Richtern schamlos mitgeteilt, daß die spanische Polizei keine Folterungen anwende. Zwischen 1968 und 1970 wurden annähernd 2000 Arbeiter in Madrid wegen illegaler Aktivitäten entlassen. Dennoch gab es regelmäßig Streiks, und das mit beträchtlichem Erfolg, vor allem in Asturien, Bilbao, Barcelona und Madrid. Die Expansion der Metallindustrie und ihre grundlegende Bedeutung für die Produktion von Maschinen und Gebrauchsgütern trug zum besonderen Kampfgeist unter den Metallarbeitern bei. In den Jahren 1966 bis 1974 war an vier Fünfteln aller Streiks in Barcelona die Metallindustrie beteiligt, und in Madrid belief sich der Anteil etwa auf die Hälfte. Während die Ursache der Streiks gewöhnlich wirtschaftlicher Art war, bezogen sie oft umfassendere soziale Forderungen mit ein. In Asturien dürften Proteste gegen Unfälle und ungesunde Arbeitsbedingungen wichtiger sein als Lohnforderungen. Baskische Metallarbeiter nahmen in ihre *plataformas reivindicativas* (Grundsatzforderungen) politische Demokratie und Amnestie für politische Gefangene mit auf. Die Basken standen auch bei der Entwicklung einer wirksameren Form des Generalstreiks an der Spitze. Anstatt ihn – wie in den

ersten Jahren des Jahrhunderts und noch einmal unter der Republik – als apokalyptische Propaganda-Waffe zu benutzen, riefen sie örtliche, vorübergehende »Gebiets«-Generalstreiks aus, in der Absicht, die Solidarität der Gesamtbevölkerung mit den wirtschaftlichen Forderungen eines bestimmten Industriezweigs zu demonstrieren. Die Gebiets-Generalstreiks entwickelten gleichzeitig das Gefühl der Klassensolidarität und die Gemeinschaftlichkeit. Das war nicht nur ein Mittel, um wirtschaftliche Konzessionen zu erreichen, sondern auch Stimulans für die Moral einer unterdrückten Gemeinschaft.
Mehr oder weniger parallel zu den Aktivitäten einer erneut militanten Arbeiterschaft verlief die Entwicklung einer regierungsfeindlichen Studentenbewegung. In der Madrider Universitätskrise im Februar 1965 geriet das falangistische *Sindicato Español Universitario* völlig in Verruf. Studenten waren potentiell einfacher zu unterdrücken als Industriearbeiter. Sie waren physisch nicht so ausdauernd, und sie blieben nur fünf oder sechs Jahre lang Universitätsstudenten und nicht ein ganzes Erwachsenenleben lang. Die Universität war traditionsgemäß der Nährboden für die ganze zukünftige politische und akademische Führung der Nation. Die meisten Studenten waren Kinder der Sieger des Bürgerkriegs, deren Gefühle gemischt waren, wenn die Polizei auf die Köpfe ihrer Söhne und Töchter einschlug. Während der zweiten Hälfte der Franco-Ära stieg die Studentenzahl fast um das Fünffache, von 64 000 im Jahr 1957 auf 300 000 im Jahr 1975. Aber sie kamen weiterhin überwiegend aus den Mittel- und Oberschichten, und sie waren als die zukünftigen praktischen Wissenschaftler, Geschäftsführer und technisch ausgebildeten Beamten einer komplexen kapitalistischen Gesellschaft erneut wichtig.[11]

1958 unternahm die Regierung einen erfolglosen Versuch, die SEU zu reorganisieren. 1961 arbeiteten kommunistische und sozialistische Studenten zusammen und gründeten eine heimliche *Federación Universitaria Democrática Española* (FUDE), deren Kandidaten 1962 die Wahlen zum Studentenparlament gewannen. 1965 wurde die SEU schließlich abgeschafft, aber noch im Februar jenes Jahres wurden sechs Professoren der Universität verwiesen, da sie mit den regierungsfeindlichen Studentenführern zusammengearbeitet hatten.[12] Wie die CCOO den nicht-kommunistischen Militanten, erschien die FUDE vielen Studenten von der Kommunistischen Partei beherrscht, und so wurde 1967 ein neues *Sindicato Democrático de Estudiantes* gegründet, mit dem Ziel, die politische Basis der Bewegung zu erweitern. Die letzten Jahre des Franco-Regimes waren Zeuge wiederholter Schließungen verschiedener Fakultäten, häufiger Polizeieinsätze auf dem Campus und zahlreicher Zusammenstöße zwischen Polizei und Studenten.

Die Studenten griffen das bestehende Vorlesungssystem an, boykottierten Examen, und aus verschiedenen libertären und marxistischen Gründen verwarfen sie die Auffassung der Universität, im wesentlichen der Bewahrer und Überlieferer von erworbenem Wissen zu sein, als apolitische und auch unschöpferische Einrichtung. Die Universitätsgelände wurden bis zu einem gewissen Grad zu Laboratorien für soziale Experimente; Szenen aus Guerilla-Stücken, ökologische und Rauschgift-»Happenings« wurden aufgeführt; und es entstanden Zentren zwangloser Erziehung durch Diskussion, in ihrer Atmosphäre den traditionellen Kaffeekränzchen nicht unähnlich. Man erreichte keine bestimmten Reformen, aber die Beziehungen zwischen dem Lehrkörper und den Studenten wurden

durch die wachsende Rolle des jüngeren, kein Amt innehabenden Lehrkörpers, der *profesores no numerarios* (PNN), stark demokratisiert. Wie in Berlin Anfang der 60er Jahre, und noch dramatischer in Paris im Mai 1968, trug die studentische Ablehnung des »Establishments« und seiner ganzen Kultur kräftig zum Bild einer führerlosen, korrupten Gesellschaft bei, der es in jeder Hinsicht an Idealen oder sozialen Plänen mangelte, die den Jungen Respekt abfordern könnten. Das Phänomen war nicht auf Spanien beschränkt. Tatsächlich war es der Beweis dafür, daß Spanien in den 60er Jahren in geistigen und erzieherischen Angelegenheiten an der allgemeinen Kulturkrise der fortgeschrittenen Industrieländer teilhatte.
In der zweiten Hälfte der Franco-Ära wurden Katalanen und Basken wieder zu starken oppositionellen Kräften. Die Politik der Regierung ermutigte die Entwicklung weiterer Industriegebiete. Für katalanische Geschäftsleute war es schwierig, Baugenehmigungen und Importlizenzen zu erhalten, und keiner der »Entwicklungspole« lag in Katalonien. Das ländliche Katalonien und der Großteil der Bourgeoisie waren streng katholisch, aber die Regierung unterdrückte die katalanische Sprache und berief nichtkatalanische Bischöfe. Dennoch breitete sich die katalanische Industrie schnell aus. Mehr als je zuvor bestand die Bevölkerung der Industriestädte weitgehend aus Einwanderern aus Aragonien und Andalusien: in der Dekade 1960-70 z. B. über eine halbe Million. Im Innern Kataloniens sprach die große Mehrheit zu Hause und bei der Arbeit Katalanisch, aber im Großraum Barcelona sprach mehr als die Hälfte der Bevölkerung nur Kastilisch. Die *comisiones obreras* nahmen keine regionalistischen Forderungen in ihre Programme auf, und der Katalanismus war

eindeutig die Geisteshaltung der Mittelschichten, der Studenten und der Intellektuellen. Die städtischen Mittelschichten und die *empresarios* waren in der Tat in ihrer Haltung zur kastilischen Vorherrschaft gespalten. Einige von ihnen sprachen mit ihren Kindern nur Kastilisch. Andere unterstützten zahlreiche Privatschulen, wo, ohne jegliche Werbung, das Katalanische eine der Unterrichtssprachen war. Zur gleichen Zeit erhielt der Nationalismus unter dem Einfluß des Klosters von Montserrat mit seiner ausgezeichneten Bibliothek, seinen auf hohem Stand stehenden Studien in Philologie, Geschichte und Musik, seiner Schirmherrschaft über eine ausgezeichnete literarische Monatsschrift, *Serra d'Or*, seiner ökumenischen und pluralistischen Weltanschauung sogar noch vor der Ära Johannes XXIII. eine starke humanistische Prägung. Das Kloster zog am 14. November 1963 weltweite Aufmerksamkeit auf sich, als sein Abt, Aureli Maria Escarré, der Pariser Zeitung *Le Monde* ein Interview gab, in dem er darlegte, daß die »25 Jahre des Friedens«, mit denen Franco sich brüstete, 25 Jahre des Sieges gewesen seien, daß die Sieger des Bürgerkriegs, die Kirche eingeschlossen, nichts getan hätten, um die Besiegten zu versöhnen, und daß das Volk das Recht haben sollte, seine Regierungen zu wählen und abzuwählen.[13]

In den Zeiten vor dem Bürgerkrieg war der baskische Nationalismus weniger bedeutend als der katalanische, aber in den 60er Jahren entwickelte er sich zu einer oppositionellen Kraft, die an Bedeutung nur von den *comisiones obreras* übertroffen wurde. Das Instrument dieses neuen Kampfgeistes war die *Euskadi Ta Askatasuna* (ETA), »Baskische Heimat und Freiheit«, gegründet 1959. Da sie eine Geheimorganisation war und eine Anzahl von

Abspaltungen durchlief, ist es nicht einfach, allgemeine Aussagen über die ETA zu machen. Ihr Hauptziel jedoch war die nationale und soziale Befreiung der baskischen Provinzen von dem, was die ETA als spanischen Imperialismus ansah. Sie unterstützte die direkte Aktion, war akonfessionell und nahm sowohl katholische als auch marxistische Mitglieder auf. Sie verglich ihre eigenen Ziele und Methoden mit denen Nord-Vietnams, Algeriens und Kubas unter Fidel Castro. In ihrem Verhältnis zu anderen baskischen und spanischen politischen Kräften setzte sie die nationale Frage über Klassenbündnisse. Ihre Hauptaktivitäten waren die »Exekution« von Mitgliedern der spanischen »Ordnungskräfte« und die Erhebung von »revolutionären« Steuern, um ihren bewaffneten Feldzug zu finanzieren. Die meisten der einigen hundert Mitglieder kamen aus der Mittelschicht, aber sie identifizierten sich tatsächlich mit den Industriearbeitern. So raubten sie im Sommer 1970 Banken aus, um Geld für die Familien von drei Arbeitern zu sammeln, die von der Polizei in Granada getötet worden waren. Ende 1971 entführten sie während des Precinotrol-Streiks den Sekretär des Verwaltungsrats der Gesellschaft und willigten erst in seine Freilassung ein, nachdem die Lohnforderungen der Arbeiter erfüllt wurden. Die ETA war eine Minderheitsbewegung, und soweit man es unter den Bedingungen der aktiven Repression beurteilen kann, bildeten die zahlenmäßig bedeutendste baskische Opposition die Anhänger der Baskischen Nationalistischen Partei (PNV) mit ihrem Hauptquartier im Exil in Paris. Der Ruf der ETA nach völliger Unabhängigkeit aber drängte alle autonomistischen Kräfte in die Defensive und ließ die Baskenfrage viel akuter werden als die katalanische in den letzten Jahren der Diktatur.[14]

Durch die ständigen Arbeiter-, Studenten- und nationalistischen Unruhen seit Mitte der 50er Jahre täuschten sich viele Ausländer, und einige Spanier, in der Stabilität des Regimes. Gelegentliche »manifestos« des bourbonischen Thronprätendenten Don Juan oder die Beteiligung von Dionisio Ridruejo und Gil Robles an der Konferenz der Franco-feindlichen Kräfte 1962 in München (von der spanischen Presse als *contubernio*, Freudenhaus, bezeichnet) regten linke Journalisten zu Spekulationen über einen bevorstehenden grundlegenden politischen Wandel in Spanien an. Das wirksame Gegengewicht zu Francos heimischer Opposition bildete die Unterstützung, die er von den neuen und anwachsenden Mittelschichten erhielt. 1970 zählten die Mittelschichten (Akademiker, Geschäftsleute, Beamte und unabhängige Bauern) weit über 2 300 000, und zusammen mit ihren Familien machten sie 28 Prozent der Bevölkerung aus (gegenüber 17 Prozent einer wirtschaftlich viel weniger wohlhabenden Mittelschicht im Jahr 1939). Diese Schichten waren in den 30er Jahren überzeugte Republikaner gewesen, besonders Ärzte, Erzieher und kleine Geschäftsleute. Während der 40er Jahre waren sie furchtsam und still gewesen. Seit 1950 erfreuten sie sich zunehmend wirtschaftlicher Möglichkeiten, in Einkommen und Status einer Mobilität nach oben und der Gelegenheit, für ihre Kinder eine technische oder akademische Ausbildung zu erlangen. Solange sie offene Kritik an Kirche, Streitkräften und dem Caudillo vermieden, konnten sie andere Institutionen – und alle politischen und wirtschaftlichen Richtungen – sehr frei kritisieren. In der Tat wurden sie, wenn auch nicht in offener Gefolgschaft, starke Stützen des Regimes, und sie waren tatsächlich nicht so sehr über die gegenwärtigen Mängel besorgt als vielmehr über die unsichere Lage, die auf Francos Tod folgen könnte.

Unter diesen Umständen war die Antwort der Regierung auf die Opposition eine geschickte Verbindung von selektiver Repression und selektiver Konzession. Häufige Ausnahmezustände, Militarisierung der Streikenden, Besetzung der Campusse, Verprügeln von Demonstranten, Verhaftungen, verlängerte Haft ohne Anklage, Foltern und Androhungen von Foltern, das Verweigern von Arbeitserlaubnis und Pässen, von der *Brigada Política-social* (Geheimpolizei) vorbereitete Dossiers, die jedem potentiellen Arbeitgeber militante Arbeiter und Studenten mitteilten. Diese Verfahrensweisen verhinderten wirksam den Zusammenschluß irgendwelcher bedeutender oppositioneller Kräfte außer den *comisiones obreras* und der ETA. Gleichzeitig verhinderten sie aber nicht, daß Spanien für die Mehrheit der ausländischen Diplomaten, Geschäftsleute und Touristen »normal« erschien.

Wenn er genügend verärgert war, konnte der Generalissimo genauso unerbittlich handeln wie in den ersten Jahren der Repression. 1962 war ein Jahr besonders erbitterter industrieller Streiks, und im November nahm die Geheimpolizei Julián Grimau gefangen, ein wichtiges Mitglied der geheimen Kommunistischen Partei und ein Mann, der 1937-38 zur Geheimpolizei (SIM) der republikanischen Armee gehört hatte. Nach Verhören, bei denen er entweder aus einem Fenster im ersten Stock geworfen wurde (Meinung der Opposition) oder Selbstmord versucht hatte (Behauptung der Regierung), wobei er beide Handgelenke gebrochen und sich Kopfverletzungen zugezogen hatte, wurde Grimau im April 1963 vor Gericht gestellt. Er wurde der »andauernden militärischen Rebellion« seit dem

18. Juli 1936 beschuldigt. Die Beweismittel für die letzten Jahre stammten von einigen der 115 Kriegsgerichte, die für die Opposition im Zeitraum vom 20. Februar bis 5. April einberufen worden waren. Grimau war häufig als Kontaktmann für eine Gruppe namens »oposición sindical obrera« (Gewerkschaftliche Arbeiteropposition) zitiert worden. Die »Beweismittel«, die ihn mit Folterungen während des Bürgerkriegs in Barcelona in Verbindung brachten, stammten nicht von Augenzeugen, sondern aus den Lebenserinnerungen eines Verteidigers, in denen ein Agent namens Grimau als »joven, pequeñito, de mirada inteligente« (jung, ziemlich klein, intelligent blickend) beschrieben wurde. Der Angeklagte Grimau jedoch war, wie man sofort sehen konnte, groß. Grimau beschrieb sich selbst als jemand, der während seines ganzen Lebens Kommunist war und seine Aufgabe in der SIM als Pflicht gegenüber der Partei angesehen hatte, und er beteuerte, daß er niemals jemanden gefoltert oder getötet habe. Er wurde zum Tode verurteilt. Der weltweite Protest schloß Telegramme von Kardinal Gerlier, Primas von Frankreich, und von Papst Johannes XXIII. mit ein. Der Caudillo bestätigte, mit der einmütigen Zustimmung seines Ministerrates, das Todesurteil. So ließ General Franco im Jahre 1963 inmitten des wirtschaftlichen Aufschwungs, des Tourismus und des kürzlich erlangten internationalen Ansehens einen Gegner gesetzmäßig hinrichten, weil er republikanischer Polizeiagent und heimlicher Kommunist gewesen war.[15]

Auch im kulturellen Leben gab es eine Politik, die mehr Freiheit, »apertura«, mit selektiver Repression verband. Die Zeitungen hatten immer mehr Freiheit, die verschiedenen politischen Strömungen innerhalb des falangistischen Establishments und der monarchistischen Gruppen aufzuzeigen. Revolutionäre Klassiker konnten in französischer oder deutscher Sprache sogar während der 50er Jahre gekauft werden, und ausländische Zeitungen konnten in der Nähe größerer Hotels, in Bahnhöfen und auf Flughäfen gekauft werden. In den 60er Jahren kamen Marx, Lenin, Mao, Marcuse und andere in spanischer Übersetzung auf den Markt. Allerdings konnte keine andere als die nationalistische Version des Bürgerkrieges in Spanien veröffentlicht werden, und Vorträge über einen großen republikanischen Dichter wie Antonio Machado konnten ohne Angabe von Gründen abgesagt werden. Ausländische Zeitungen waren in den 60er Jahren viel weiter verbreitet. Auch die Öffentlichkeit würde nämlich durch die Tatsache wachgerüttelt werden, daß an den vielen Tagen, an denen die Zeitungsverkäufer verkündeten, daß »*Le Monde* heute nicht angekommen ist«, in Spanien etwas Wichtiges geschehen war. Der Mann, der für diese teilweise »apertura« in erster Linie verantwortlich war, war Manuel Fraga Iribarne, Professor der politischen Wissenschaften und von 1962-69 Minister für Tourismus und Information. Fraga war (wie Cánovas und wie José Antonio Primo de Rivera) ein großer Bewunderer des imperialistisch-demokratischen Englands. Ihm wäre es lieb gewesen, wenn das politische System in Spanien dem englischen geglichen hätte, aber die Umstände waren dafür nicht reif, und er versuchte (ebenfalls wie Cánovas), die Form der Freiheit ohne den vollen Inhalt zu liefern. Das Pressegesetz, für das er 1966 Pate stand, beendete die Vorzensur und ersetzte die Zensur durch ein System von nachträglichen Beschlagnahmungen und Bußgeldern, falls die Herausgeber es unterlassen hatten, die Prinzipien des Movimiento zu wahren. In vielerlei Hinsicht war das neue System teurer – und

aufreibender – als die frühere Zensur, aber das neue Gesetz ermöglichte es dem Minister für Information, allen Ernstes zu behaupten, in Spanien herrsche Pressefreiheit.[16]
Das wichtigste neue politische Merkmal der 60er Jahre war die zurückhaltende, aber mächtige Führung der Technokraten des Opus Dei. Luis Carrero Blanco, Untersekretär des Präsidentenamtes und dem Caudillo besonders nahestehend, war ein großer Bewunderer des Opus. Durch seine freundliche Vermittlung hatten Angehörige des Opus wirtschaftliche Schlüsselpositionen inne: Alberto Ullastres als Handelsminister, Mariano Navarro Rubio als Schatzminister, Gregorio López Bravo als Industrieminister und – am wichtigsten von allen (obwohl nicht Kabinettsmitglied) – Laureano López Rodó als Leiter des Stabilisierungsprogramms von 1959 und des Wirtschafts-Entwicklungs-Programms von 1964-67. Die Opus-Minister konnten innerhalb des begrenzten Spektrums zulässiger Haltungen ein sehr konservatives Image (Lopéz Rodó) oder ein leicht liberales Image (López Bravo) besitzen, aber das wichtigste an ihnen war nicht ihre politische Schattierung, sondern ihr Einstehen für »europäische« Tüchtigkeit und »europäisches« Auftreten. Sie waren die Männer, die als Gleichgestellte mit europäischen Bankiers, Diplomaten und Beamten sprechen konnten, die dieselben Krawatten trugen und sich Anzüge aus demselben Stoff machen ließen wie europäische Spitzenpolitiker. Als Spanien sich der EG näherte, waren sie viel erfolgreichere Sprecher als schroffe Militärs oder verdrossene, im Herzen noch faschistische Falangisten. Eine Reihe von ihnen waren auch Katalanen (López Rodó selbst und die Bankier-Familie Valls Taberner), und sie taten viel, um den gegenseitigen Argwohn Francos und der katalanischen Bourgeoisie zu verringern.

Das Opus vereinigte einen disziplinierten, militanten Katholizismus mit der Überzeugung von der Bedeutung der Wirtschaft und Technologie. 1970 wurden die sechs größten Banken immer noch von der älteren baskischen Bank-Elite und ihren Verbindungen mit mächtigen Familien der Franco-Ära (nicht zuletzt die eigenen Vettern und angeheirateten Verwandten des Caudillo) kontrolliert, aber die siebtgrößte und die am schnellsten anwachsende, die *Banco Popular Español,* wurde von Opus-Direktoren kontrolliert. Das Kapital der Banco Popular brachte die Entwicklung der Bancos de Sabadell, de Salamanca, de Andalucía und weiterer neuer örtlicher Banken in Gang. Opus-Mitglieder gründeten auch die *Banco Europeo de Negocios* (Eurobanco) mit Anteilen an französischen, deutschen und Schweizer Banken. Die Schlüsselindustire wurde größtenteils von den traditionellen Giganten finanziert, aber Opus-Banken investierten einfallsreich im Fischerei-Gewerbe, in Baustoffe, in die Graphik, Versicherungen und Parkhäuser und auch in die Finanzierung der *autopistas* (gebührenpflichtige Autobahnen) in der letzten Dekade der Franco-Ära.[17]
Durch die enge Zusammenarbeit von López Rodó und Carrero Blanco wurde das Opus auch der wichtigste Baumeister der Sukzession. General Franco hatte immer eingeräumt, daß er nicht ewig leben würde, aber er kam aus einer langlebigen Familie, und er hatte es nicht eilig, die Herrschaft abzugeben, von der er glaubte, Gott habe sie ihm übertragen. Mit dem *Ley Orgánica* (organisches Gesetz) von 1966 zielte er darauf ab, das Fortbestehen seines Regimes, das er entworfen und seit 1936 persönlich beherrscht hatte, sicherzustellen. Das Gesetz trennte das Amt des Staatsoberhaupts von dem des Premierministers

(jefe de gobierno), aber vorläufig füllte der Generalissimo beide Ämter aus. Es wiederholte, daß Spanien eine Monarchie sei, aber der zukünftige König wurde nicht genannt. Es machte unbedeutende rhetorische Zugeständnisse an den Tatbestand, daß die parlamentarische Demokratie die vorherrschende Regierungsform in den EG-Ländern war. So sagte das Gesetz aus, daß horizontale Arbeitgeber-, Techniker- und Arbeiter-»Zusammenschlüsse« erlaubt sein sollten. Die Arbeitgeber waren aber die einzigen, denen man tatsächlich erlaubte, Zusammenschlüsse in Form von »Handelskammern« zu gründen. Mit seiner Aussage, daß niemand daran gehindert werden solle, an seine eigene Religion zu glauben und sie im Privaten zu praktizieren, war das Gesetz auch weniger streng katholisch als das Konkordat. 1969 ernannte Franco schließlich, sehr zur Erleichterung von López Rodó, Prinz Juan Carlos zum künftigen Staatsoberhaupt. 1972 unterzeichnete er eine Anordnung an Carrero Blanco, nach dem Tod des Caudillo fünf Jahre lang als Premierminister zu dienen, und 1973 übertrug er sein Amt als Premierminister auf Carrero. So traf Franco zwischen 1966 und 1973 sorgfältige Vorkehrungen für die Nachfolge einer Monarchie, die treu die Grundsätze und die Führungskader des Movimiento beibehalten sollte.

In den Jahren 1969-70 jedoch wurde das Ansehen des Regimes durch zwei sensationelle Ereignisse schwer untergraben: den Matesa-Skandal und den Burgos-Prozeß. Zwischen 1964 und 1969 hatte eine in Pamplona ansässige Aktiengesellschaft, Maquinaria Textil del Norte, S. A. (Matesa), zwei Billionen Pesetas an Regierungskrediten und Steuerrückzahlungen erhalten, die dazu bestimmt waren, den Export eines verbesserten Webstuhls, *telares sin lanzadera* (Webstuhl ohne Weberschiffchen) zu subventionieren. Der Gesellschaft stand ein katalanischer Industrieller vor, Juan Vilà Reyes, ein Freund von López Rodó, und im Verwaltungsrat saß eine Anzahl von Opus-Mitgliedern. Die neuen Webstühle wurden nach einem französischen Patent hergestellt, aber sie wurden als spanischer Beitrag zur Technologie propagiert, der mit ein wenig offizieller Unterstützung im Welthandel zum Prestige-Artikel werden sollte. Die Kredite wurden genutzt, um Aktien von ausländischen Textilfirmen zu kaufen, Nummernkonten in der Schweiz zu eröffnen, Glanzdruck-Broschüren herzustellen, Tausende von unverkauften Webstühlen im Ausland zu lagern, zur Wahlkampagne Richard Nixons für die Präsidentschaft in den Vereinigten Staaten beizusteuern usw. Vor Gericht verteidigte Gil Robles Vilà Reyes mit der Begründung, daß die spanische Finanzgesetze schwerfällig und ungeeignet seien, und Vilàs Mitverteidiger versicherte dem Gericht mehrmals, daß die Zollbeamten sehr wohl gewußt hätten, daß gewisse Koffer Millionen von Pesetas enthielten, und sie hätten keine Einwände gemacht. In die Aktivitäten Vilà Reyes' waren auch einige Opus-Minister verwickelt, und der Skandal veranlaßte General Franco, sein Kabinett umzubilden. In der neuen Regierung vom Oktober 1969 war das Opus in der Tat stärker vertreten denn je, aber sein Ruf der Integrität und Wirksamkeit war dauerhaft geschädigt worden.[18]

Im August 1968 tötete die ETA einen im Baskenland besonders verhaßten Polizeichef, Melitón Manzanas. Die Regierung erklärte den Ausnahmezustand, verhaftete und verhörte während des folgenden Jahres eintausend Leute. Militärgerichte fällten ungefähr 250 Urteile, und die Repression sollte im Dezember 1970 in dem Prozeß gegen 16 prominente baskische Widerstandskämpfer, darunter drei Frauen und zwei Priester, gipfeln. Die Anklagepunkte umfaßten den Besitz von Waffen und Sprengstoff, illegale Versammlungen, Verbreitung illegaler Literatur, Rufe wie »Gora Euskadi« und die Verschwörung zur Ermordung von Melitón und anderen Polizisten und Angehörigen der Guardia Civil. Das Beweismaterial stammte aus undatierten und unsignierten eidlichen Aussagen der Polizei und enthielt keine Beweismittel für bestimmte Handlungen bestimmter Angeklagter. Die Staatsanwaltschaft forderte sechs Todesurteile und Gefängnisstrafen von insgesamt 754 Jahren. In der Zwischenzeit entführte die ETA den deutschen Honorarkonsul in San Sebastián, Eugen Beihl, und verkündete, daß sein Leben das Pfand für das der in Burgos Angeklagten sei. Der Gerichtshof war von Hunderten von Polizisten mit Maschinengewehren im Anschlag umgeben. Der Prozeß wurde von weitverbreiteten Streiks und Protestdemonstrationen auf vielen Universitätsgeländen in Spanien und vor spanischen Botschaften und Konsulaten im Ausland begleitet. Die ETA übergab Beihls Briefe seiner Familie, und die deutsche Regierung drohte mit wirtschaftlichen Repressalien, falls er getötet würde. Die Zeugenaussagen während des Prozesses offenbarten den Umfang der Folterungen durch Polizei und Militär und zeigten einer aufmerksamen Weltpresse, daß praktisch alle politischen Bereiche des baskischen Volkes gemeinsame Front gegen das machten, was sie als brutale militärische Besetzung durch die spanischen Streitkräfte empfanden. Militärische Reaktionäre bedrängten den Caudillo, die Todesstrafen zu vollstrecken. Andere Offiziere spürten, daß das Militär durch seine Rolle als Ermittler, der

gegen spanische Bürger Foltern anwandte, in Verruf geriet. Schließlich wandelte der Caudillo die Todesstrafen um.[19]
Außer Verwirrung oder Zorn über solche Dinge wie die Zeugenaussagen in Burgos äußerten die Streitkräfte keinerlei Kritik am Franco-Regime, aber sie wurden von den herrschenden Formen der Korruption in Mitleidenschaft gezogen und litten weiterhin unter den alten Problemen der personellen Überbesetzung und der ungenügenden Ausrüstung. 1974 flossen 70 Prozent des Militärbudgets in Gehälter, in Frankreich und Deutschland waren es im Vergleich dazu wenig über 30 Prozent. In der Rüstung war Spanien vollkommen abhängig von den USA. 1964 kaufte es 70 Northrup F-5 Flugzeuge, ein Geschäft, von der NATO vorher abgelehnt worden war. Dieses Geschäft schloß eine Provision von 80 000 000 Pesetas für einen pensionierten Luftfahrtminister mit ein. In den Verhandlungen von 1965 über die Erneuerung der Stützpunkte-Abkommen wurden spanische Rüstungswünsche um etwa zwei Drittel beschnitten. 1973 weigerte sich die Marine, drei veraltete US-Zerstörer anzunehmen. 1974 bestand die Luftwaffe aus etwa 35 000 Mann, hatte ungefähr 200 Kampfflugzeuge, von denen etwa 70 flugfähig waren. Die zeitgenössische schwedische Luftwaffe hatte 5400 Mann und 600 erstklassige Flugzeuge. In der letzten Dekade der Franco-Ära bezahlten Lockheed, Boeing und zweifellos auch andere Gesellschaften stattliche »Provisionen« an pensionierte Militärs, die maßgebende Direktoren spanischer Industriegiganten waren.[20]
Die einzige privilegierte Institution, die aktive Anzeichen von Unzufriedenheit zeigte, war die Kirche. Die wichtigsten Faktoren, die die Kirche beeinflußten, waren die

veränderte Einstellung der Spanier und die kurze, aber wirksame Amtszeit Papst Johannes XXIII. (1958-63). 1960 war es deutlich, daß die meisten Spanier das Franco-Regime anerkannten, ja sogar dankbar waren für den wirtschaftlichen Fortschritt und die verringerte Repression. Aber es war ebenso klar, daß sie keine Begeisterung, keinen tiefen Respekt empfanden und daß sie nicht an das Fortbestehen des Systems nach dem Tod des Caudillo glaubten. So war die Atmosphäre ganz anders als in den 40er Jahren, in denen die Kirche, inspiriert von den Dogmen des 17. Jahrhunderts, sich triumphierend einer allmächtigen Stellung in einem konfessionellen, autoritären Staat erfreute. Die Priesterschaft suchte 1960 erneuten Kontakt zur Arbeiterklasse, dachte in Termini der sozialen Doktrinen des 19. und 20. Jahrhunderts und an die Stellung der Kirche in einem zukünftigen nicht-autoritären Staat. Sehr zur Sorge General Francos begann eine »undankbare« Kirche, sich vom Regime zu distanzieren.
Bei diesem Vorgang waren der Einfluß des Verhaltens und der Enzyklika Johannes XXIII. von entscheidender Bedeutung. Der verstorbene Pius XII. war römischer Aristokrat, fanatischer Anti-Kommunist und der dogmatischste, herrischste Papst seit Pius IX. gewesen. Johannes XXIII. stammte aus einer Bauernfamilie, lebte und sprach einfach, strahlte Wärme und Toleranz aus. Das Zweite Vatikanische Konzil betonte Grundsätze, die für die Kirche in der ganzen Welt reformistisch und für die spanische Kirche revolutionär waren: einfacher Lebensstil für die Priesterschaft, Mitverantwortlichkeit und gemeinsame Beschlußfassung in der Verwaltung der Diözesen, die Feststellung, daß die Kirche den Armen gehöre, ökumenischer Dialog mit Protestanten und Agnostikern, friedliches

Miteinander mit dem Kommunismus, in moralischen und erzieherischen Angelegenheiten eher Vertrauen auf persönliche und familiäre Religiosität als auf staatliche Autorität, Anerkennung der Religionsfreiheit als grundlegendes Recht des Menschen.

Das Zweite Vatikanische Konzil beschloß auch, daß Bischöfe im Alter von 75 Jahren in Pension gehen sollten. Als Ergebnis dieser Regelung wurden in der Dekade 1964-74 53 neue Bischöfe berufen, während in der vorhergehenden Dekade nur 23 ernannt worden waren.

Der Geist des Zweiten Vatikanischen Konzils stärkte jenen Teil des Klerus außerordentlich, der mit HOAC und JOC, mit den comisiones obreras und oppositionellen Studentengruppen verbunden war. Die *Acción Católica* spaltete der neue Geist in konservative und »progressive« Flügel. Beim nationalen Treffen 1966 setzten die Konservativen ihre Ansichten durch, die sie vor dem Zweiten Vatikanischen Konzil vertreten hatten, aber es war ein Pyrrhus-Sieg. Die Mitgliedschaft ging von etwa 1 000 000 im Jahr 1966 auf 100 000 im Jahr 1972 zurück. Im Hintergrund des ideologischen Streits stand auch die wachsende Krise auf dem Gebiet der Berufungen für das Kirchenamt. Die Konservativen führten die Krise auf den Mangel an strengen Dogmen, auf moralische und theologische Unsicherheit zurück. Die Progressiven erwiderten, daß die Berufungen zunehmen würden, wenn die Kirche ihr Verhalten modernisiert und demokratisiert habe. In der Tat gingen viele Studenten, baskische und katalanische Autonomisten, die als liberale Katholiken begannen, zu der einen oder anderen Form marxistischen Denkens über.

Der veränderten Haltung der Spanier trugen die Religions-Paragraphen des Organischen Gesetzes von 1966 Rechnung, die insbesondere die Verantwortung des Staates für die Verteidigung der Religionsfreiheit mit einschlossen (im Gegensatz zu der nur ungern gegebenen Erlaubnis für privaten Gottesdienst in den 40er Jahren). Und das Nachfolgegesetz von 1967 definierte Spanien nicht als einen »konfessionellen Staat«, sondern als einen »katholischen, sozialen und repräsentativen Staat«. Noch klarer war der Ton des *Ley General de Educación* (Allgemeines Erziehungsgesetz) von 1970. Die Eltern und nicht der Staat sollten die Hauptverantwortung für die religiöse Erziehung der Jugend tragen. Die Kirche allein (nicht der frühere konfessionelle Staat) sollte den Religionsunterricht in allen Schulen, sowohl staatlichen als auch privaten, anbieten. Im Gegensatz zu der aggressiven Ausdrucksweise der 40er Jahre schlug die Kirche vor, »anunciar explicitamente el mensaje de salvación« (die Heilsbotschaft offen zu verkünden), »una obra de verdadera evangelización«, »un servicio al bien común«, »un gesto de amor cristiano al prójimo« (ein Werk der wahren Evangelisierung, einen Dienst für das Gemeinwohl, eine Geste christlicher Nächstenliebe auszuüben). Und die Kirche bot sowohl aus ideologischen Gründen als auch im finanziellen Interesse ihrer Privatschulen ihre Dienste denjenigen Eltern an, die eine christliche Erziehung für ihre Kinder wünschten, auch wenn sie selbst keine *practicantes* waren.[21]

In der Mitte der 60er Jahre verbanden sich viele baskische Priester und der katalanische Klerus mit dem Kloster von Montserrat und unterstützten ganz offen Forderungen der Regionalisten und Arbeiter. 1970 galt dasselbe für den Klerus in Kastilien und Andalusien. Im Bauarbeiterstreik von Granada im Juli 1970, der wegen des Todes dreier Streikender landesweite Aufmerksamkeit erregte, benutzten die Streikenden die Kathedrale als Zufluchtsstätte, und Erzbischof Benavente Escuin protestierte gegen das Eindringen der Polizei in die Kathedrale als eine Verletzung des Konkordats. Wichtiger noch war es, daß der Erzbischof die Brutalität der Polizei mißbilligte und das Recht auf Arbeiterorganisationen und die Anwesenheit von Arbeiterpriestern in seiner Diözese verteidigte, während die falangistische Presse die Kirche beschuldigte, den Streik zu ermutigen.[22]

Ende 1971 berief der spanische Klerus eine gemeinsame Versammlung von Bischöfen und Priestern ein. Eine solche Hierarchienivellierung wäre vor der Ära Johannes XXIII. als ketzerisch angesehen worden. Verschiedene Resolutionen der Versammlung, die zumindest von einer Zweidrittelmehrheit verabschiedet wurden, forderten völlige Freiheit von Meinung, Vereinigungen und friedfertiger Versammlung; das Recht, freie Gewerkschaften zu gründen; Rechte für regionale, sprachliche und religiöse Minderheiten; und das Recht auf Befreiung von körperlicher oder geistiger Folter, »einschließlich der Versuche zu religiösem Zwang«. Eine einfache Mehrheit stimmte für eine Resolution, die das spanische Volk um Vergebung für die institutionelle Unterstützung der Kirche für eine Seite im Bürgerkrieg, d. h. die Nationalisten, bat. Die gemeinsame Versammlung und einige spätere Versammlungen vor dem Tod General Francos diskutierten den Entwurf eines neuen Konkordats, in dem der Staat nicht länger konfessionell sein sollte, die geistliche Immunität gegenüber zivilen Gerichten enden sollte und die Kirche ihre Verantwortung für religiöse Erziehung und Wahrung der Moral von Radio- und Fernseh-Programmen behalten sollte.

Politisch gesehen wurden die letzten wenigen Jahre der

Franco-Ära von den Bemühungen des alternden Diktators beherrscht, alle Veränderungen zu verhindern, sowie von den ständig zunehmenden Streiks, dem wachsenden Terrorismus und der de facto Entwicklung zu einer pluralistischen und hoffnungsvollen freien Gesellschaft. Carrero Blanco als Vizepräsident des *Consejo de Ministros* und wirkungsvolles Oberhaupt der Regierung und Fernández Miranda als Minister der »Bewegung« wiederholten häufig, daß politische »Vereinigungen« eine offenkundige Tarnung für politische Parteien seien und deshalb als unvereinbar mit Spaniens »organischer Demokratie« abzulehnen seien. Gegen die Presse wurden häufig Beschlagnahmungen und Geldbußen verhängt, und im Januar 1972 wurde *Madrid,* die freimütigste Tageszeitung der Hauptstadt, geschlossen. Im Juni 1973, als Carrero nominell und tatsächlich Premierminister wurde, entließ er den Außenminister López Bravo, der die kurz zuvor abgeschlossenen Handelsabkommen mit Osteuropa gefördert hatte, als zu liberal aus dem Amt. Das Opus blieb in den Wirtschaftsministerien stark, aber sechs neue falangistische Minister traten in die Regierung ein, unter ihnen der erzkonservative Polizeioffizier Arias Navarro.

Am 20. Dezember 1973 wurde Carrero Blanco von einem Kommando der ETA ermordet. Als Fernmeldetechniker verkleidet hatte es Wochen damit zugebracht, einen Tunnel zu graben, in dem sie die enorme Sprengladung anbrachten, die das Auto des Premierministers buchstäblich auf ein nahegelegenes Dach katapultierte. Franco ernannte Arias Navarro zum Premierminister, und letzterer bildete ein Kabinett ohne Opus-Minister, das politisch genauso konservativ war wie die Regierung Carrero. Am 12. Februar 1974 sprach er davon, politische und Arbeiter-

»Vereinigungen« zu genehmigen, Bürgermeister wählen zu lassen anstatt sie zu ernennen, und stellte fest, daß es für die Spanier an der Zeit sei, von einem »Befolgen« zur »Beteiligung« an den Regierungsentscheidungen überzugehen. Aber spätere Taten zeigten keinen liberalisierenden Geist. Im März wurde Salvador Puig Antich, ein junger Anarchist, der wegen Polizistenmordes verurteilt worden war, trotz weltweiter Proteste, darunter auch dem des Papstes, garrotiert.[23] Im April versetzte der Beginn der portugiesischen Revolution die Regierung in Schrecken, und im Juni entließ Franco den intellektuell eindrucksvollen und angeblich liberalen General Manuel Díez Alegría als Chef des Generalstabs. Im September tötete eine Bombe, die in der Calle de Correos gezündet wurde, elf Personen, es folgten Dutzende von Verhaftungen, Verhöre unter Anwendung von Foltern und Behauptungen, die Kommunisten seien dafür verantwortlich, aber keine Aufklärung. 1975 gab es größere Streikaktivitäten und mehr Gewaltakte der ETA und einiger neuer terroristischer Gruppen als in irgendeinem anderen Jahr seit dem Bürgerkrieg. Im September desselben Jahres war die letzte wichtige Exekutiv-Handlung des Caudillo die Bestätigung der Todesurteile gegen fünf angebliche baskische Terroristen. In diesen letzten Jahren verurteilte die öffentliche Meinung den »Terrorismus« keineswegs einmütig. Der Burgos-Prozeß und die »Exekution« (um in der Terminologie der ETA zu sprechen) Carrero Blancos hatten aus der ETA für alle, bis auf die hartnäckigen Verteidiger der Diktatur, Nationalhelden gemacht. Im Baskenland selbst betrachteten die Leute die Kommandos nicht als Terroristen, sondern eher als die Führer des Widerstands gegen eine fremde militärische Besatzungsmacht. Trotz der politischen Unbe-

weglichkeit und des repressiven Vorgehens der Regierung bereitete sich die spanische öffentliche Meinung insgesamt auf die Nach-Franco-Ära als eine Zeit von Pluralismus und Freiheit vor. Magazine wie *Triunfo, Cuadernos para el Diálogo* und die neue Wochenzeitung *Cambio 16* hoben das Niveau der politischen Debatten auf das der demokratischen Nachbarn Spaniens. Die Opposition war nicht einiger als in den Jahren 1946-47, aber sie konnte aufgrund der wirtschaftlichen Veränderungen seit 1960 und da General Francos Alter und schlechter Gesundheitszustand eine Veränderung in der nahen Zukunft unvermeidlich machten, vertrauensvoller in die Zukunft blicken. Ihre Diskussionen gingen von einer politisch freiheitlichen Regierungsform aus. Die wichtigsten Fragen waren, ob die Monarchie anerkannt oder durch Plebiszit geprüft werden solle und ob die Kommunisten als Partner in verschiedenen möglichen Koalitionen begrüßenswert seien.
Im Juli 1974 erkrankte der Diktator an einer schweren Venenentzündung, und Juan Carlos amtierte 46 Tage lang als Staatsoberhaupt. Der Caudillo nahm seine Amtsgeschäfte im September wieder auf, nahm regelmäßig an den Sitzungen des Kabinetts teil, spielte in den ersten Monaten 1975 sehr viel Golf und machte keine Anstalten, für immer zurückzutreten. Die zu seinem Tod führende Krankheit begann Mitte Oktober 1975 mit einem Herzanfall. Beinahe sechs Wochen, bis zum 19. November, erlaubten ihm die Ärzte nicht, in Frieden zu sterben. Die Situation war in zweierlei Hinsicht noch nie dagewesen. Trotz des Nachfolgegesetzes und der klaren Kontinuität der Regierungen Carrero und Arias wartete jeder nervös, was nach Francos Tod geschehen könnte. Außerdem war es in den letzten Jahrzehnten möglich geworden, mit Herz- und Nierenma-

schinen, Bluttransfusionen, intravenöser Ernährung und durch computergesteuerte Überwachung der lebenswichtigen Körperfunktionen, in einem Organismus, der andernfalls gestorben wäre, wochen- und sogar monatelang ein Minimum an biologischer Reaktion aufrechtzuerhalten. General Franco (1980 erlitt ein ähnliches Schicksal der jugoslawische kommunistische Diktator Marschall Tito) war das erste Staatsoberhaupt, das wochenlang auf diese mechanische Weise am Leben erhalten wurde. Am 19. November endete der Todeskampf. Juan Carlos wurde zum Staatsoberhaupt erklärt, und Spanien begann mit dem zögernden, aber sicheren Abbau der 39jährigen Diktatur.

Kapitel VI

Reflexionen über die spanische Kultur

In den vorhergehenden Kapiteln dieser Untersuchung habe ich ausschließlich die greifbaren, sichtbaren Aspekte der Geschichte behandelt: die wirtschaftlichen Grundlagen, die Rolle bestimmter politischer, religiöser und militärischer Institutionen, den direkten Einfluß internationaler Ereignisse, die Bemühungen maßgeblicher Führer, die Entwicklung der Gesellschaft zu lenken oder eben dieser Gesellschaft ihren eigenen Willen aufzuzwingen. Schwerer zu bestimmen, aber sehr wichtig in dem Bemühen, Geschichte zu verstehen, sind die Rolle unbewußter Gewohnheiten und Ansichten, die kollektive Erinnerung einer bestimmten sprachlichen und/oder historischen Gemeinschaft, die Ambitionen, Hoffnungen, Ängste, die Individuen und soziale Klassen bewegen, kurzum jene Faktoren, die Anthropologen unter dem Begriff »Kultur« zusammenfassen und die die französischen Sozialgeschichtsschreiber als »Mentalitäten« bezeichnet haben.

Sehr oft, vor allem in Zeiten schneller Veränderungen wie dem gegenwärtigen Jahrhundert, scheint diese »Kultur« (im anthropologischen Sinn) vom Standpunkt unmittelbarer Erfahrung widersprüchlich, unangemessen, unerklärbar zu sein. Die Schwierigkeit, diese kollektiven Gewohnheiten und Ansichten zu erklären, verleitet viele Schriftsteller zu der Folgerung, daß es einen festen Rassen- oder National-»Charakter« gibt. Die spanische Geschichtsschreibung ist voll von Hinweisen auf phönizisches, römisches, arabisches »Blut«. Angeblich sollen baskische Schädelmaße etwas mit baskischem Nationalismus zu tun haben. Historiker reden oft sehr poetisch über kastilische »Besonnenheit«, aragonische »Sturheit«, das katalanische und jüdische »Talent für den Handel«, galicische und portugiesische »saudade«. Oft stimmen sie in einer kummervollen Schlußfolgerung darin überein, daß dem spanischen Volk, oder den spanischen Völkern, jedes Talent für die moderne Wissenschaft abgehe, aber daß sie als Entschädigung dafür auf religiösem Gebiet besonders begeisterungsfähig sind. Nur als Beschreibung dessen, was manche spanische Schriftsteller und Denker über ihre Landsleute gedacht haben, scheinen mir solche Aussagen interessant zu sein. Dennoch ist es sicherlich wahr, daß Menschen ständig auf eine Art und Weise handeln, die man nicht ihren unmittelbaren praktischen Interessen zuschreiben kann. Besonders in Zeiten des beschleunigten wirtschaftlichen und technologischen Wandels gilt, daß der praktische Lebenskontext sich viel schneller ändert, als es menschliche Gewohnheiten und Ansichten tun. Daher ist es wichtig zu versuchen, jene Züge herauszufinden, die eine gegebene Menschengruppe zu einer gegebenen Zeit charakterisieren, in diesem Falle die Spanier im 20. Jahrhundert. Aber ich hoffe, das zu tun, ohne Zuflucht zu Begriffen wie »Blut« oder »lo eterno español« zu nehmen und ohne zeitgenössische soziale Züge zu reifizieren, als ob sie einen festen »Nationalcharakter« bildeten.

Spanier aller sozialen Klassen und aller Nationalitäten sind durch große Vitalität charakterisiert. Sie agieren und reagieren dramatisch, schauen einander direkt in die Augen, schreien gern, sowohl freundlich als auch unfreundlich, tragen bunte Kleidung, fahren schnell, laufen schnell bei Fußballspielen und sportlichen Übungen. Ich glaube, daß diese Vitalität die starken klimatischen Gegensätze widerspiegelt, die Notwendigkeit, hart zu arbeiten, um einem mittelmäßigen und nicht hinreichend bewässerten Boden das Lebensnotwendige abzuringen, und die relativ dünne Bevölkerungsdichte, die es historisch gesehen einzelnen Bauern und Handwerkern ermöglicht hat zu glauben, *Herr über ihr eigenes Leben zu sein,* selbst wenn sie ziemlich arm an materiellem Besitz waren. Dazu kommt die historische Erinnerung daran, Soldaten und Verwaltungsbeamte in der ganzen Welt gewesen zu sein: bei der Wiedereroberung ihres Heimatlandes im Mittelalter, in nordafrikanischen und Mittelmeer-Kolonien, auf der ganzen westlichen Hemisphäre und den Philippinen. Als direkte Erfahrung endete diese Aufgabe mit dem 19. Jahrhundert, aber die unbewußten Gewohnheiten und Wertvorstellungen haben noch mehrere Generationen überdauert. Auch sind die große Mehrheit der Spanier keine Bauern oder Handwerker mehr, und die Bevölkerungsdichte steigt in den Städten, wo die meisten Spanier leben, schnell an. Aber die früheren geographischen und ökonomischen Bedingungen und die früheren Regierungs- und Führungsaufgaben reichen aus, um die zeitgenössische Vitalität, persönliche Unabhängigkeit und dramatische Ausdruckskraft der Spanier zu erklären.

Außerdem gibt es einen Komplex politischer Merkmale, die ich denselben Faktoren zurechnen würde, die zur Erklärung dieser großen Vitalität beitragen. Die Identifikation mit einzelnen außergewöhnlichen Führern: Pablo Iglesias und später Julián Besteiro in der Sozialistischen Partei; Prat de la Riba und später Oberst Macià in der Entwicklung des katalanischen Nationalismus; die Generäle Primo de Rivera, Sanjurjo und Franco im politischen

Einsatz des Militärs, die Begeisterung und Selbstaufopferung – unter einer bewunderten Führung – im Verhalten der Arbeitermilizen, Kollektivierungskomitees, karlistischer und falangistischer Milizeinheiten in den ersten Tagen des Bürgerkriegs; oder der Gründung anarchistischer, sozialistischer und kommunistischer Zellen während des »trienio bolchevique« (bolschewistischen Triennium) und der *comisiones obreras* in den 60er Jahren. Dies sind die Handlungen unabhängiger, tatkrätiger Männer, die von ihrer Fähigkeit als Soldaten und Verwaltungsbeamte überzeugt waren. Außerdem zeigen die Spanier beträchtliches politisches Geschick, wenn sie eine gegebene Führung bereitwillig anerkannt haben und wenn ihnen eine Autorität zugestanden wird, mittels deren sie ihre individuelle Fähigkeit ausüben können. Die Diktatur Primo de Riveras, die späteren Jahre des Franco-Regimes, die Funktion der katalanischen *Esquerra* vor dem Bürgerkrieg und der Baskischen Nationalistischen Partei im Verlauf ihrer Geschichte, sie alle veranschaulichen jenes politische Geschick.

Dieses Syndrom der Identifikation mit bewunderten Führern und der Bereitschaft zur begeisterten Zusammenarbeit bei schwierigen politischen Aufgaben hat auch eine Kehrseite. Die erbitterten Rivalitäten zwischen Besteiro, Prieto, Largo Caballero und ihren jeweiligen Parteigängern wogen schwer bei all den Mißgeschicken, die der Republik zwischen 1931 und 1939 widerfuhren. Die politische Wirksamkeit der Monarchisten und Karlisten wurde durch die persönlichen Rivalitäten zwischen Gil Robles, Antonio Goicoechea, Calvo Sotelo, dem Conde de Rodezno und Fal Conde stark reduziert. Dieselbe Tatkraft und Unabhängigkeit, die unter einer anerkannten Führung positive

Ergebnisse hervorbringen, führen beim Fehlen einer anerkannten Führung zu paranoidem und konspirativem Verhalten. Es gibt Tausende hochintelligenter Spanier, die bereit sind, einem ohne die Spur eines Beweises zu erzählen, daß General Molas Tod bei einem Flugzeugunglück in Wirklichkeit auf Sabotage General Francos zurückzuführen sei oder daß kroatische Terroristen, und nicht die ETA, Admiral Carrero Blanco ermordeten. Völlig willkürliche persönliche Kriterien, die selbst angesichts von Beweisen beibehalten werden, bilden die Kehrseite der Medaille der Vitalität, der Bereitschaft zur Zusammenarbeit und zum Opfer.

In jeder Gesellschaft gibt es Klassen, die glauben, daß die »Geschichte auf unserer Seite ist«, und Klassen, die passiv und sich ihrer Rolle nicht sicher sind. In Spanien waren während des Zeitraums, den dieses Buch behandelt, die selbstbewußtesten Klassen die Bankiers und Großindustriellen auf der einen und die Berg- und Industriearbeiter auf der anderen Seite. Mit Ausnahme der Jahre 1939 bis 1950 (Weltwirtschaftskrise, Bürgerkrieg, Weltkrieg, diplomatische Isolierung) hat die Entwicklungsgeschichte des Bankwesens und der Industrie positive Züge. 1899-1913 war ein Zeitraum rascher Expansion im Zustand monetärer Stabilität. Der Krieg von 1914-18 erbrachte vor allem den von Basken kontrollierten Banken enorme Gewinne und führte wiederum unter Regierungen, die diesen wohlgesonnen waren, und unter dem Zustand der »öffentlichen Ordnung« während der Diktatur Primos zu einer weiteren Expansion der Industrie. Vom Ende der 40er Jahre bis zum Ende der Franco-Ära erfreuten sich die Banken noch einmal konstant hoher Gewinne und spielten eine führende Rolle in der wirtschaftlichen Entwicklung. Männer wie

Juan March, Francesco Cambó und die Direktoren der führenden baskischen Banken hatten niemals Grund, den Pessimismus oder die Sehnsucht der Intellektuellen aus der »Generation von 1898« zu teilen.

Was die Berg- und Industriearbeiter betrifft, so spiegeln ihr Selbstvertrauen und ihre Kampfbereitschaft die Bedeutung ihrer Aufgaben in der neuen Industriegesellschaft wider sowie die Ideologien, die dem Proletariat die Macht zuerkannten, die menschliche Gesellschaft als ganzes zu verändern. Sowohl der Marxismus als auch der Anarcho-Syndikalismus betrachteten das industrielle Proletariat als Mittel zur Veränderung der Gesellschaft. Sozialisten, Kommunisten und Anarcho-Syndikalisten standen in heftigem Widerspruch über die im Klassenkampf anzuwendende Taktik, aber sie teilten den Glauben an die Unvermeidlichkeit und die moralische Überlegenheit einer klassenlosen, kollektivistischen Gesellschaft, bei deren Aufbau die Industriearbeiter die führende Rolle spielen sollten. Der Glaube an die Rolle des Proletariats war ein entscheidender Bestandteil bei der revolutionären Unruhe des »trienio bolchevique«, bei den Generalstreiks in Barcelona 1919, bei den Programmen der Kommunistischen Partei während der 20er Jahre, bei der Gründung der FAI 1927, bei der Radikalisierung Largo Caballeros und der UGT zwischen 1934 und 1936, bei den Kollektivierungen im Bürgerkrieg und beim Widerstand gegen die Diktatur Francos unter der Führung der im Untergrund arbeitenden Kommunistischen Partei. Für die Studenten, für die intellektuelle Linke, und wahrscheinlich im kollektiven Bewußtsein der Spanier allgemein, symbolisierten die asturischen Bergarbeiter, die Helden der Commune vom Oktober 1934 und der Franco-feindlichen Arbeiterbewegung in den 50er

und 60er Jahren, die revolutionäre Rolle des Proletariats am vollkommensten. Infolge der Kampfbereitschaft sowohl der Großkapitalisten als auch der Industriearbeiter erlebte Spanien in den Jahren, die dieses Buch behandelt, zahlreiche Aspekte des offenen Klassenkampfes: den Einsatz des Militärs und der verschiedenen Polizeikräfte, um Streiks niederzuschlagen; die Bombenanschläge der »direkten Aktion« und die Provokationen durch die Polizei in den ersten Jahren des Jahrhunderts; den Krieg der *pistoleros* in Barcelona von 1919-1923; die Unterdrückung der CNT unter Primo de Rivera; die Morde in der republikanischen Zone und die massiven Säuberungsaktionen in der nationalistischen Zone während des Bürgerkriegs; die Zerschlagung der UGT und der CNT während der ersten Jahre des Franco-Regimes; die Inhaftierung und Folterung von Führern der Arbeiterklasse während der Diktatur.
Die Verhältnisse ab etwa 1960 haben dazu beigetragen, die Atmosphäre von Kampfbereitschaft und Klassenkampf zu mildern. Der Anstieg des Lebensstandards und das Zunehmen sozialer Sicherheit gaben dem Proletariat einen »Platz in der Gesellschaft«, so daß die Arbeiter jetzt mehr als ihre Ketten zu verlieren haben. In den Arbeitskämpfen zwischen 1920 und 1960 wurde die Moral der Arbeiter stets durch die Behauptung gestärkt, daß das Leben für die Arbeiterklasse im sowjetischen Osten besser sei als im kapitalistischen Westen. Diese Behauptung wurde in den letzten 20 Jahren immer seltener aufgestellt. Auch die Kapitalisten sind seit der Energiekrise von 1973 und angesichts der gleichzeitigen Inflation und Arbeitslosigkeit weniger zuversichtlich. So ist es gut möglich, daß die spanische Gesellschaft in der Zukunft kein so hervorstechendes Element des Klassenkampfes enthalten wird, wie

es für die ersten 60 Jahre dieses Jahrhunderts charakteristisch war.
Eine stark ausgeprägte kulturelle Eigenart der spanischen Mittelschichten und damit der Intellektuellen, Schriftsteller und Publizisten, die fast ausschließlich aus den Mittelschichten kommen, ist immer das Minderwertigkeitsgefühl gegenüber Europa gewesen. Der letzte Punkt ist wichtig, weil die Spanier sich im Vergleich mit Lateinamerika oder Afrika oder dem Mittleren Osten kaum unterlegen fühlen würden. Aber wenn sie den Wohlstand, das internationale Ansehen, die Situation der Künste und Wissenschaften in West- und Nordeuropa betrachten, glauben sie, daß Spanien »rückständig« ist und werden leidenschaftlich darüber diskutieren, ob dieser »atraso« mehrere Jahrzehnte oder mehrere Jahrhunderte umfaßt. In einer grundlegenden Hinsicht ist Spanien tatsächlich rückständig im Hinblick auf Europa oder Japan. Spanische Textilien konnten noch nie auf internationaler Ebene mit französischen oder englischen Textilien konkurrieren. Spanische Zitrusfrüchte konnten noch nie mit denen Palestinas (vor 1948) oder Israels konkurrieren. Die Produktivität in den SEAT-Autowerken war noch nie höher als etwa 25 Prozent der Produktivität in deutschen oder japanischen Autofabriken. Die spanische Industrie war immer von hohen Schutzzöllen abhängig, und sie ist noch weit davon entfernt, die Wettbewerbsbedingungen der EG zu erfüllen.
Während die relative wirtschaftliche Ineffizienz eine Tatsache ist, haben sich die Spanier (seit Jahrhunderten und auch noch zum gegenwärtigen Zeitpunkt) verschiedene Klischees angeblicher Minderwertigkeit aufgebürdet. Ein solches Klischee ist, daß die Spanier in den Naturwissenschaften zu schöpferischer Arbeit unfähig seien. Es stimmt

tatsächlich, daß man mit Ausnahme der Histologie Ramón y Cajals kaum auf erstklassige wissenschaftliche Entdekkungen hinweisen kann, die in Spanien von Spaniern gemacht wurden. Aber das ist keine Sache der Gene oder des »nationalen Temperaments«. Die kreativen Wissenschaftler kommen aus einem Kreis von Menschen, die genug zu essen hatten und die gute Grund- und höhere Schulen besuchten, so daß sie zum Zeitpunkt ihrer späten Adoleszenz schon gute Vorkenntnisse in Mathematik und in einer oder mehreren Naturwissenschaften Laborerfahrung hatten. Spanien hatte solche Schulen und Laboratorien nicht. Die Spanier, die das Glück hatten, zu Hause eine vernünftige höhere Ausbildung zu erhalten und die dann an den Universitäten in Europa und den Vereinigten Staaten arbeiteten, haben erstklassige wissenschaftliche Beiträge geleistet.

Spanien hat auch einen stereotypen Ruf für Gewalt und Terrorismus. Drei Premierminister wurden Opfer der anarchistischen »direkten Aktion«, und Barcelona wurde während des Ersten Weltkrieges für seine Mixtur aus revolutionärer Gewalt und Gangstertum bekannt. Im Bürgerkrieg und der folgenden Repression waren Hinrichtungen und Erschießungen als Vergeltung durch die Sieger zahlreicher als Tode in der Schlacht. Unglücklicherweise haben diese traurigen Tatsachen nichts typisch Spanisches oder Proletarisches oder Militärisches an sich. Revolutionäre und nationalistische Bürgerkriege in Kolumbien, Indonesien, Südostasien und Afrika hatten während der letzten 30 Jahre einen vergleichbaren Aderlaß zur Folge. Niemand kann sagen, wieviele Millionen in den chinesischen Bürgerkriegen der 20er Jahre und bei der folgenden japanischen Invasion ermordet und vorsätzlich dem Hungertod überlassen wurden. In den Jahren 1940-45 ermordeten die Nazis, die sich auf die wissenschaftlich »fortgeschrittenste« Nation in Europa stützten und viele willige Kollaborateure in den von den Deutschen besetzten Ländern fanden, vorsätzlich Millionen von unbewaffneten Juden, Zigeunern und Slawen. In dem wohlhabenden Europa der 60er und 70er Jahre waren gut erzogene Kinder der Mittelschichten an einem Terrorismus beteiligt, der in jeder Hinsicht so irrational, grausam und nutzlos war wie der Terrorismus der spanischen Anarchisten und der Polizei in Barcelona. Es gibt also für die Spanier keinen historischen Grund, sich für besonders grausame Artgenossen zu halten.

Außerdem gibt es für die Spanier keinen Anlaß zu glauben, daß alles Bedeutende schon in einem »fortgeschritteneren« Land geschieht, bevor es in Spanien geschieht. Die fortschrittlichen Erziehungsmethoden der *Institución Libre de Enseñanza* gingen der Entwicklung ähnlicher Schulen in England und den Vereinigten Staaten voran. Der Marokko-Krieg mit seinen verhängnisvollen Auswirkungen auf die spanische Politik und Moral ging dem Vietnam-Krieg mit seinen verhängnisvollen Auswirkungen auf die Politik und Moral der Vereinigten Staaten um ein halbes Jahrhundert voran. Der Ebro-Zusammenschluß mit seinem regionalen Programm zur Bewässerung, Wiederaufforstung und Elektrizitätserzeugung ging der Tennessee Valley Authority (TVA) mit ihren ähnlichen Zielen in den Vereinigten Staaten um ein Jahrzehnt voran.

Eine weitere bedeutende kulturelle Eigenart der Spanier ist ihre Impermeabilität offiziellen Erklärungen gegenüber, oder – um es anders auszudrücken – ihr Widerstand gegen Indoktrination. Die Spanier des 20. Jahrhunderts waren

niemals begeistert über die imperiale »Mission« in Marokko (dies war in der Tat ein wichtiger Grund, warum die aufständischen Generäle 1936 die Mehrheit ihrer Landsleute für das »Anti-Spanien« halten konnten). Der Faschismus als Doktrin einer Mobilisierung der Massen und imperialistischer Aggression hatte in Spanien niemals ein großes Publikum. Zweifellos ist einer der Gründe, warum die Linken auf der ganzen Welt sich mit solcher Bewunderung an die spanische Republik erinnern, der, daß die Republik den einzigen bewaffneten Widerstand gegen Hitler und Mussolini leistete, bevor die Westmächte und die Sowjetunion gezwungen waren, einen Krieg um das nackte Überleben zu führen. Die Spanier in den Städten haben, um ein weniger politisches Beispiel zu nehmen, ruhig, aber bestimmt die Bevormundung der Kirche in der Sexualmoral und Familienplanung zurückgewiesen. Der gemeinsame Nenner dieser Beispiele ist die Weigerung, offizielle Doktrinen anzuerkennen. Bis Mitte des 19. Jahrhunderts war die große Mehrheit bedingungslos katholisch und königstreu. Die Anfänge des Kapitalismus, der Kampf für eine konstitutionelle Regierung, der Einfluß der Französischen Revolution, der Naturwissenschaft, des Positivismus und des Marxismus, sie alle trugen dazu bei, diese traditionellen Loyalitäten zu zersetzen. Kirche und König wiederum identifizierten sich zunehmend mit diesen »Werten« und Institutionen, die der Mehrheit nicht länger Respekt abforderten. Je mehr die Regierung auf gefälschte Wahlen und militärische Aufrechterhaltung der »öffentlichen Ordnung« angewiesen war, desto skeptischer wurde das Volk allem Offiziellen gegenüber.
Die lange Diktatur General Francos verstärkte sowohl das Gefühl der Rückständigkeit gegenüber Europa als auch die

Skepsis allem Offiziellen gegenüber. Der Diktator selbst war nicht wirklich an einer faschistischen Doktrin interessiert. Zuerst gebrauchte er davon nur Bruchstücke, um sich bei seinen deutschen und italienischen Alliierten einzuschmeicheln, und später, um der weltlichen kapitalistischen Demokratie Widerstand zu leisten, die er nicht mochte, mit der er sich aber diplomatisch und wirtschaftlich einigen mußte. Die spanischen Intellektuellen und Wissenschaftler widersetzten sich stets dem Faschismus. Anfang der 40er Jahre gingen Professuren meistens an Kandidaten, die eine faschistische Rhetorik mit Neo-Thomismus und lobenden Hinweisen auf die katholischen Könige verbanden. Anfang der 50er Jahre aber machten sich graduierte Studenten und Essayisten Unamuno, Ortega und die moderne Wissenschaft zunutze, um die falangistische Doktrin zu bekämpfen, und in den 60er Jahren war der Marxismus der wichtigste intellektuelle Einfluß auf alle Sozial- und Geisteswissenschaften geworden. Das intellektuelle Leben Spaniens bestand aus drei Strängen: der Generation der über ganz Europa, Lateinamerika und die Englisch sprechende Welt verteilten im Exil lebenden Republikaner; einer jüngeren Generation, die in Francos Spanien aufwuchs, die aber eine höhere Ausbildung und eine der Ausbildung angemessene Tätigkeit im Ausland suchte, meist in Europa und den Vereinigten Staaten; und jenen, die es vorzogen, in Spanien zu arbeiten.

Bis heute ist die erste Gruppe diejenige, deren Leistungen die größte Anerkennung fanden. Für die meisten Nicht-Spanier repräsentieren Männer wie Josep Trueta, Severo Ochoa, Claudio Sánchez-Albornoz, Pere Bosch i Gimpera, Américo Castro, Jorge Guillén die spanische Kultur. Und für viele innerhalb Spaniens hat das Ansehen der

Emigranten und die Tatsache, daß sie gezwungen waren zu emigrieren, den Eindruck von der spanischen »Rückständigkeit« verstärkt. Weniger bekannt und moralisch genauso bedeutsam war die Arbeit derjenigen, die in Spanien blieben. Einige, wie Dionisio Ridruejo und Joaquín Ruíz Giménez, waren Parteigänger des Regimes gewesen und bildeten später eine wirkungsvolle politisch-moralische Opposition dagegen. Andere, wie Jaume Vicens i Vives, Vicente Aleixandre, J. M. Jover Zamora und zahlreiche Wissenschaftler und Akademiker, ließen sich nicht auf eine aktive Opposition ein. Aber die Qualität ihrer Arbeit und die Integrität ihres persönlichen Verhaltens waren die lebende Ablehnung der Falschheit und Korruption des offiziellen Spaniens. Wieder andere, wie José Luis Aranguren, Enrique Tierno, Agustín García Calvo und José María Valverde, waren politisch zwar nicht aktiv, akzeptierten aber verschiedene Aufenthalte im Exil als Preis für die moralische Solidarität mit der studentischen Opposition gegen die Diktatur. Ich hoffe, daß in naher Zukunft ein Historiker mit detaillierten Kenntnissen des intellektuellen Lebens in Spanien unter Franco den Leistungen der Männer und Frauen gerecht wird, die unter den Einschränkungen der Diktatur ihren Beitrag zu den Künsten und Wissenschaften leisteten. Auf jeden Fall ist das Spanien des 20. Jahrhunderts sowohl in seinem künstlerisch-intellektuellen Leben als auch in der tieferen Schicht der Reaktionen des Volkes durch den Widerstand gegen offizielle Ideologien und (Un-)Sittlichkeit stark charakterisiert worden.

Dieser Wesenszug scheint mir wunderbar in einem wenig bekannten Roman von Ramón Gil Novales (Seix Barral, Barcelona) verkörpert zu sein, der 1970 erschien: *Voz de muchas aguas*. Der rote Faden in diesem komplexen

Porträt der Franco-Ära ist eine lange, schmerzliche, doppelsinnige Liebesaffäre zwischen dem Kaziken einer Provinzhauptstadt und der Witwe eines im August 1936 erschossenen revolutionären Bauarbeiters. Die zwei hatten sich schon als Kinder zueinander hingezogen gefühlt, lange vor dem Bürgerkrieg, aber der Standesunterschied hatte sie immer getrennt. Ihre persönliche Vertrautheit beginnt direkt mit Alicias Versuch, Don Jaimes Vermittlung zu gewinnen, um das Todesurteil gegen ihren Mann umwandeln zu lassen. Jahrelang, solange sie glauben kann, daß er wirklich (wenn auch erfolglos) versucht hat, ihren Mann zu retten, oder – im anderen Fall – sein Versäumnis, einen solchen Versuch zu unternehmen, eingestehen wird, kann sie dann seine Liebe erwidern, obwohl sie sich immer weigert, ihn zu heiraten. Als sie überzeugt ist, daß er keinen solchen Versuch gemacht hat und nicht den Mut hat, die Wahrheit einzugestehen, bricht sie die Beziehung ab. Ich kenne keine bessere Metapher für die 40jährige Erfahrung des spanischen Volkes, das die Diktatur unter dem Zwang der Umstände anerkannte, auf eine Anerkennung seiner Würde und der Verbrechen, die in den Kriegsjahren gegen es verübt wurden, hoffte und das sich den verlogenen offiziellen Versionen widersetzte.

Eine letzte kulturelle Eigenart der Spanier des 20. Jahrhunderts, ganz im Gegensatz zu den historischen Klischees, ist ihre allgemeine Skepsis Ideologien gegenüber. Diese Skepsis ist im allgemeinen seit ca. 1960 für Westeuropa charakteristisch, aber ich glaube, daß sie in Spanien als Ergebnis des Bürgerkrieges besonders stark ist. In der Tat erwiesen sich die Erwartungen auf beiden Seiten als völlig falsch. Die Rechten erhofften für die Zukunft einen von der Regierung gelenkten autarken Kapitalismus im Rahmen eines nationalen Katholizismus, der stark an die Ära der katholischen Könige gemahnte. Die Linken, Marxisten wie Anarchisten, erhofften eine klassenlose, kollektivistische Gesellschaft, in der die Rolle von Religion und Nationalismus weitgehend reduziert, wenn nicht völlig aufgehoben werden sollte. Beide irrten sich. Seit 1950 sucht Spanien in zunehmendem Maße, zusammen mit West- und Nordeuropa, nach der Form des modifizierten Kapitalismus (Marktwirtschaft mit einem Minimum an sozialer Sicherheit), der politischen Demokratie und der weltlichen Kultur, die sowohl die Rechten als auch die Linken während des Bürgerkrieges verachteten. Es gibt einen oft zitierten Aphorismus des Inhalts, daß jene, die sich weigern, aus der Geschichte zu lernen, dazu verurteilt sind, sie zu wiederholen. Die Tatsache, daß das Spanien von 1980 weder den Visionen der Aufständischen noch der Revolutionäre von 1936 entspricht, sollte eine Mäßigung in der zukünftigen Politik bewirken.

Wenn ich diese kurzen Überlegungen zur spanischen Kultur zusammenfasse, würde ich sagen, daß man, um die jüngste spanische Geschichte zu verstehen (zusammen mit der stets fundamentalen Untersuchung der Wirtschaft), erkennen muß, daß die Spanier aus verschiedenen historischen Gründen ein äußerst lebhaftes, dramatisches Volk sind, zu großer Loyalität und Selbstaufopferung fähig, und ebenso zu großer Paranoia. Die Ineffizienz ihrer Wirtschaft hat ihnen das berechtigte Gefühl der Rückständigkeit hinsichtlich fortgeschrittener Industriegesellschaften vermittelt. Aber diese wirtschaftliche Schwäche hat dazu geführt, daß sie verschiedene pseudo-biologische und pseudo-historische Klischees politischer und kultureller Minderwertigkeit für sich gelten ließen. Bankiers und

Industrielle, Berg- und Industriearbeiter waren die kampfbereitesten Klassen einer Gesellschaft, die durch starkes Klassenbewußtsein und entsprechende Klassenkämpfe in den ersten 60 Jahren des Jahrhunderts charakterisiert wurde, aber die praktischen Probleme einer fortgeschrittenen kapitalistischen Wirtschaft und der Niedergang des revolutionären Glaubens führten in der letzten Zeit zu einem Rückgang dieser Kampfbereitschaft. Die Erfahrungen des 19. und 20. Jahrhunderts ließen die Spanier gegenüber allen traditionellen Institutionen, Werten und offiziellen Erklärungen äußerst skeptisch werden. Widerstand gegen militärische Eroberungen und gegen die Mythologie einer glorreichen Diktatur verstärkte ihr Gefühl für individuelle Integrität. Gleichzeitig ließ sie die ungeheure Zerstörung und Grausamkeit des Bürgerkrieges, gemeinsam mit dem Niedergang einiger Dogmen, in deren Namen er ausgetragen wurde, daran zweifeln, welche Werte es verdienen, in Zukunft beibehalten zu werden. Ich persönlich würde mir eine Verbindung von zunehmender wirtschaftlicher Leistungsfähigkeit, politischer Demokratie dem lebhaften, dramatischen Verhalten des einzelnen erhoffen, ohne die das tägliche Leben einen Großteil seines Reizes verlieren würde.

Anmerkungen

Anmerkungen zu Kapitel I

1 Wenn nicht anders angegeben, sind meine wirtschaftlichen und demografischen Informationen J. Vicens Vives und J. Nadal, *Historia económica de España*, Ed. Vicens Vives, Barcelona [9]1974 entnommen sowie Raymond Carr, *Spain, 1808-1939*, Oxford Press 1966, Kapitel X und XI (Spanische Ausgabe von Ariel, 1969).

2 Pierre Jobit, *Les éducateurs de l'Espagne moderne*, Paris 1936, enthält die gründliche philosophische Analyse eines Jesuiten, der leichtem Irrglauben nicht unfreundlich gegenüberstand; José López Morillas, *El krausismo español*, México, D. F., 1956, ist der einfühlsame Bericht eines republikanischen Intellektuellen; Maria Dolores Gómez Molleda, *Los reformadores de la España contemporánea*, CSIC, Madrid 1966, bietet eine gut dokumentierte Übersicht aus konservativer katholischer Sicht.

3 Anselmo Lorenzo, *El proletariado militante*, Alianza Ed., Madrid 1974; sehr beziehungsreiche Autobiographie eines »obrero consciente« mit hervorragenden redaktionellen Anmerkungen von José Alvarez Junco.

4 Joaquín Romero Maura, »Terrorism and its Impact on Spanish Politics, 1904-1909«, *Past and Present*, Bd. 41, 1968, und *La rosa de fuego*, Grijalbo, Barcelona 1975.

5 Juan José Morato, *Pablo Iglesias Posse*, Ariel, Barcelona 1968 (Nachdruck der ersten Ausgabe 1931).

6 David Ruiz González, *El movimiento obrero en Asturias*, Amigos de Asturias, Oviedo 1968, S. 93-110.

7 Stanley G. Payne, *Los militares y la política en la España contemporánea*, Ruedo Ibérico, Paris 1968, S. 77-78, 85.

8 Gabriel Cardona Escanero, *El poder militar en la segunda república española*. Trotz des Titels enthält diese demnächst erscheinende Dissertation detaillierte Informationen über die Zeit ab 1898.

9 John R. Mosher, *The Birth of Mass Politics in Spain: Lerrouxismo in Barcelona, 1901-1909*. Unveröffentlichte Dissertation, University of California, San Diego 1977; erhältlich über die University Microfilms International, London und Ann Arbor, Michigan.

10 Joan Connelly Ullman, *La semana trágica*, Ariel, Barcelona 1972, ist eine gründliche Revision und Erweiterung der englischen Originalausgabe.

11 Albert Balcells, *Cataluña contemporánea,* Siglo XXI, Madrid 1976, Bd. I, S. 84-86.
12 Jordi Solé Tura, *Catalanisme i revolució burguesa,* Edicions 62, Barcelona 1967.
13 Vicens i Vives und Nadal, *Historia económica . . .*, S. 711-12.

Anmerkungen zu Kapitel II

1 Gerald Meaker, *The Revolutionary Left in Spain, 1914-1923,* Stanford University Press 1974, S. 31-34. In meinen Berichten über die Streiks während des Krieges und der Parteifehden unter den Sozialisten, Anarchisten und Anarcho-Syndikalisten griff ich ebenfalls stark auf Meaker zurück.
2 Emilio Lamo de Espinosa, *Filosofía y política en Julián Besteiro,* Cuadernos para el Diálogo, Madrid 1973.
3 Carlos Forcadell, *Parlamentarismo y bolchevización,* Ed. Crítica, Barcelona 1978.
4 F. G. Bruguera, *Histoire contemporaine d'Espagne,* Ophys, Paris 1953, S. 356-358; Jaime Castañeiras Muñoz und Javier Domínguez Martín Sánchez, *Un siglo de lucha obrera en España,* Mensajero, Bilbao 1971, S. 174-181.
5 Juán Diaz del Moral, *Historia de las agitaciones campesinas andaluzas,* Madrid 1929. Neuauflage 1967 bei Alianza Editorial, Madrid. Vor den 60er Jahren als objektive wirtschaftlich-soziale Studie ländlicher Probleme einmalig; umfaßt nur die Provinz von Córdoba.
6 *Gran Enciclopèdia Catalana,* hrsg. von Jordi Carbonell, Edicions 62, 1970, Artikel über Pearson, Bosch, Canadiense; kurze Berichte über den Streik in Meaker, S. 158-160, Castañeiras, S. 184 f.; Robert W. Kern, *Red Years, Black Years,* Philadelphia, Institute for the Study of Human Issues, 1978, S. 44-54; Stanley G. Payne, *The Spanish Revolution,* Norton, New York 1970, S. 40-47.
7 Colin C. Winston, »El sindicalismo libre 1919-1931«, *Historia* 16, 32, Dezember 1978, S. 73-81.
8 David S. Woolman, *Abd-el-Krim y la guerra del Rif,* oitostau, Barcelona 1971, S. 113.
9 Carolyn P. Boyd, *Praetorian Politics in Liberal Spain,* University of North Carolina Press 1979, S. 184, 240-248.
10 Ruíz González, *Movimiento obrero . . .*, S. 188-195.
11 Dionisio Pérez, *La dictadura a través de sus notas oficiosas,* Ibero-

Americana de Publicaciones 1930, und Fernando Díaz Plaja, *La preguerra española en sus documentos*, Ed. G. P., Barcelona 1969 bieten eine große Auswahl der Schriften Primos de Rivera.

12 Manuel Lorenzo Pardo, *La conquista del Ebro*, Zaragoza 1931; Juan Fuertes Velarde, *Política económica de la dictatura*, Guadiana, Madrid 1973.

13 John Brooks, »Annals of Finance«, *The New Yorker*, 21. Mai 1979; Bernardo Díaz-Nosty, *La irresistible ascensión de Juan March*, Ed. Sedmay, Madrid 1977.

14 »Economía y Política de la dictadura de Primo de Rivera«, *Cuadernos Económicos de la Información Comercial Española* No. 10, Madrid 1979.

15 José Ramón Alonso, *Historia política del ejército español*, Ed. Nacional, Madrid 1974, S. 500 f., und Dissertation Cardona.

Anmerkungen zu Kapitel III

1 Ramón Tamames, *La república. La era de Franco*, Alianza Editorial, Madrid 1973, S. 77-82; Edward R. Malefakis, *Agrarian Reform and Peasant Revolution in Spain*, Yale University Press 1970 (mit spanischer Ausgabe von Ariel, Barcelona 1971), Kapitel VII-IX. Im vorliegenden Kapitel füge ich Anmerkungen nur dann an, wenn Quellen oder Interpretationen existieren, die von denjenigen meiner vorherigen Bücher und Artikel über die 30er Jahre abweichen.

2 Guy Hermet, *Les communistes en Espagne*, A. Colin, Paris 1971, S. 26-30.

3 Kapitel über die »Contra-Reforma Militar« in der Cardona-Dissertation.

4 Bernardo Díaz-Nosty, *La comuna asturiana*, Ed. ZYX, Madrid 1974, S. 165 f., 372. Die sehr detaillierte Untersuchung des Autors ist ein überzeugendes Beispiel für viel kleinere Zahlen als die, die ich vor 15 Jahren in *The Spanish Republic and the Civil War* zitiert habe. Was das Wesen der Repression betrifft, siehe die Artikel von Manuel Tuñón de Lara und Francisco Taibo in *Historia 16*, Oktober 1977.

5 Antonio Barquina Barrio, »El Vaticano contra la Cruzada«, *Historia 16*, Februar 1978.

6 Angel Viñas, »Guernica, Las responsabilidades«, *Historia 16*, Mai 1978; J. Salas Larrazábal, »Guernica, la versión definitiva«, *Nueva Historia*, Mai 1977.

7 Herbert R. Southworth, *Gernika, Gernika!* University of California Press 1975; mit spanischer Ausgabe von Ruedo Ibérico, Paris 1975. Genaue Untersuchung der komplexen journalistischen Manipulation und des diplomatischen Drucks hinsichtlich der offiziellen Version über die Bombardierung.

8 Die klassische Exposition des linken Standpunkts in Katalonien sind die Kapitel von Pierre Broué in Broué und Temime, *La révolution et la guerre d'Espagne*, Edition de Minuit, Paris 1961.

9 Michael Alpert, *The Republican Army in the Spanish Civil War*, University of Reading 1973.

10 John F. Coverdale, *Italian Intervention in the Spanish Civil War*, Princeton University Press 1975; Anhang VII der dritten Auflage, 1976, von Hugh Thomas, *The Spanish Civil War;* meine Diskussion des gegensätzlichen Beweismaterials in *Entre la reforma y la revolución,* »Guías de Historia Contemporánea de España«, Crítica, Barcelona 1980.

11 Juan García Durán, Artikel über die Rolle der italienischen Marine in *Historia 16*, Dezember 1977.

12 Angel Viñas, *El Oro de Moscú,* Grijalbo, Barcelona 1979, S. 447-454 für einen provisorischen Überblick über die finanzielle Unterstützung Francos. Ihr Wert belief sich auf ca. 700 Millionen Dollar, in etwa das Äquivalent zu dem, was die Republik – vorwiegend von Rußland – erhielt. Siehe auch Robert H. Whealey, »How Franco financed his War«, *Journal of Contemporary History*, Januar 1977, und sein Kapitel »Foreign Intervention in the Spanish Civil War« in Raymond Carr (Hrsg.), *The Republic and the Civil War.*

Anmerkungen zu Kapitel IV

1 Alfredo Kindelán, *Mis cuadernos de guerra,* Madrid 1945, S. 47-59. Joaquín Satrústegui, »Discurso en el Hotel Menfis«, 29. Januar 1959. Satrústegui war einer der wichtigsten monarchistischen Oppositionsführer, und diese Rede, die als Vervielfältigung weit verbreitet wurde, war wahrscheinlich der erste öffentliche Rechenschaftsbericht über die Art, auf die sich Franco selbst zum »Staatsoberhaupt« ernannte.

2 Amando de Miguel, *Sociología del Franquismo,* Ed. Euros, Barcelona 1975, für den Hintergrund führender Minister und Beamter.

3 Ramón Gubern, *Raza: un ensueño del general Franco,* Ediciones 99, Madrid 1977. Francos Person betreffend, habe ich mich stark auf J. W. D. Trythall, *Franco, a Biography*, Rupert Hart-Davis, London

1970, und Francisco Franco Salgado-Aranjo, *Mis conversaciones privadas con Franco*, Planeta, Barcelona 1976, gestützt.

4 Als Grundlage meiner Schätzung siehe Vorwort und Anhang D der »Crítica«-Ausgabe von *La república española y la guerra civil.* Hugh Thomas schätzte in der dritten Auflage von *The Spanish Civil War* (1976) 150-175 000 nationalistische Vergeltungsmaßnahmen für den Zeitraum von 1936-1944. Charles Foltz, *Masquerade in Spain*, Houghton Mifflin, Boston 1948, gibt auf S. 97 an, daß im Juni 1944 ein Beamter des Justizministeriums ihm erzählt habe, etwa 190 000 Menschen seien erschossen worden, und ein anderer Ministerialbeamter gab ihm ein Stück Papier mit der Zahl 192 684. Zu Schätzungen zweier europäischer Journalisten siehe Herbert E. Southworth, *El mito de la cruzada de Franco*, Ruedo Ibérico, Paris 1963, S. 278-279 und 289. Ramón Salas Larrazabal, *Los muertos de la guerra civil*, Planeta, Barcelona 1978, gibt Zahlen von 61 010 nationalistischen Vergeltungsmaßnahmen und 76 187 Vergeltungsmaßnahmen in der republikanischen Zone an. Salas Larrazabal und andere nationalistische Historiker waren schockiert über meine Aussage, daß die nationalistischen Vergeltungsmaßnahmen zwischen 1936 und 1944 die Hauptursache für die Verluste von Menschenleben gewesen seien, die dem Bürgerkrieg zuzuschreiben sind. Kein geringerer Politiker jedoch als Ramón Serrano Suñer, *Memorias*, Planeta, Barcelona 1977, stellt auf S. 243 fest: »Da vergüenza decirlo, pero hay que decirlo porque es verdad, que el brutal encarnizamiento de las retaguardias causó más muertes que la lucha abierta en los frentes de combate.« Serrano sagt nicht, in welcher Zone mehr Menschen getötet wurden, aber es ist offensichtlich, daß die Nationalisten, per definitionem, weit mehr Feinde hatten als die Volksfront und daß sie sowohl vom Material her als auch psychologisch viel besser vorbereitet waren, blutige Säuberungsaktionen durchzuführen.

5 Ramón Serrano Suñer, *Entre Hendaya y Gibraltar*, Madrid 1947, S. 64 f.

6 Shlomó Ben-Amí, *La revolución desde arriba; España, 1936-79*, Riopedras, Barcelona 1980, S. 104 f.; Federico Ysart, *España y los judiós en la segunda guerra mundial*, Barcelona 1973.

7 Eduardo Pons Prades, *Guerrilleros españoles, 1936-1960*, Planeta, Barcelona 1977, S. 51 f.

8 Iturralde, Juan de (Pseudonym von Pater Juan de Usabiaga), *El catolicismo y la cruzada de Franco*, 2 Bde., Vienne, Frankreich, 1955 und 1960; Iñaki de Aberrigoyen, *7 mois et 7 jours dans l'Espagne de Franco*, Paris 1938 (mit spanischer Ausgabe, Caracas 1964); Chao Rega, *La iglesia en el Franquismo*, Edition Felmar, Madrid 1976.

9 Daniel Artigues, *El Opus Dei en España,* Ruedo Ibérico, Paris 1971; Jean Bécarud, *De la Regenta al »Opus Dei«,* Taurus, Madrid 1977.

10 *Cambio 16,* 3. Februar 1980, S. 24 f.

11 Wenn nicht anders angemerkt, stammen meine zahlreichen ökonomischen Informationen entweder aus Ramón Tamames, *La república, La era de Franco,* Alianza Editorial, Madrid 1973; aus den jährlichen Berichten der Organisation für Wirtschaftliche Zusammenarbeit und Entwicklung (OECD) oder aus J. B. Donges, *La industrialización en España,* Oikos-tau, Barcelona 1976.

12 Angel Viñas, *El oro de Moscú,* Grijalbo, Barcelona 1979, S. 129.

13 Pedro Voltes Bou, *Historia de la econmía española en los siglos XIX y XX,* Edition Nacional, Madrid 1974, Bd. 2, S. 805 ff.; Antoni Montserrat i Jacint Ros, »En torn del retard en el recobrament dels nivells macroeconòmics de pre-guerra a l'Espanya dels 1950«, *Recerques 2,* Ariel, Barcelona 1972, S. 231-246.

14 Joan Sardà Dexeus in *Lecturas de historia económica de España – 2,* Oikos-tau, Barcelona 1977, 4.1.

15 Juan Martínez Alier, *La estabilidad del latifundismo,* Ruedo Ibérico, Paris 1968, S. 56-58 und 328-336.

16 *Política comercial exterior en España* (1931-1975), Banco Exterior de España 1979, Bd. I, Kapitel III.

17 Juan Muñoz, *El poder de la banca en España,* Edita Zero, Algorta (Vizcaya) 1969, S. 52.

18 Unter der zahlreichen Literatur über die Stützpunkte fand ich Arthur P. Whitaker, *Spain and the Defense of the West,* Harper's, New York 1961, besonders wertvoll; ebenso die Artikel von Stephen S. Kaplan in *Public Policy,* Winter 1974; William B. Watson, *Twenty-five Years of U.S. Military Involvement in Spain,* auf dem Kongreß über »Spain-implications for U.S. Policy«; *The New York Times,* 14. Mai 1972, Artikel von Drew Middleton über den Stützpunkt in Rota.

19 *Política comercial exterior . . .,* Bd. 2, S. 768-772.

20 *Iglesia y sociedad en España: 1939-1975,* Ed. Popular, Madrid 1977; Die Kapitel von José Bigorda und José María Totosaus analysieren das Konkordat.

21 Faustino Miguélez, *La lucha de los mineros asturianos bajo el franquismo,* Ed. Laia, Barcelona 1976, S. 89-100.

22 Stanley G. Payne, *Los militares y la política en la España contemporánea,* Ruedo Ibérico, Paris 1968, S. 369-394.

23 Louis Stein, *Beyond Death and Exile,* Harvard University Press, Cambridge, Mass. 1979; David Wingeate Pike, *Via Victus,* Ruedo Ibérico, Paris 1969.

24 Javier Rubio, *La emigración española a Francia,* Ariel, Barcelona 1974,

S. 227-245; Guy Hermet, *Les espagnols en France*, Ed. Ouvrières, Paris 1967, S. 27 f.; Montserrat Roig, *Els catalans als camps nazis*, Ediciones 62, Barcelona 1977.

Anmerkungen zu Kapitel V

1 Michel Drain, *Iniciación a la economía de España*, Ariel, Barcelona 1971, S. 99-105.

2 Donges, *Industrialización* . . ., S. 58-64; Joan Sardà, in *Lecturas de historia económica* . . . 2, S. 196-198.

3 *Triunfo*, 26. April 1975, Artikel von Antonio García de Blas, der auf den Statistiken der Banco de Bilbao und der Contabilidad Nacional beruht.

4 *Cuadernos para el Diálogo*, Januar 1973, S. 42 f.; extra XIV, März 1975, S. 54 ff.

5 *The Economist*, 3. November 1979; Ben-Amí, *Revolución desde arriba* . . ., S. 175.

6 *El resurgir económico de España*, Informe del Hudson Institute, Europe, Madrid 1975; Carmen Martín González y L. Rodríguez Romero, *Cambio técnico y dependencia tecnológica, el caso de España*, Madrid 1977.

7 *El País*, 30. Dezember 1979.

8 Jon Amsden, *Collective Bargaining and Class Conflict in Spain*, Weidenfeld and Nicolson, London 1972; José Maravall, *Dictatorship and Political Dissent*, St. Martin's Press, New York 1979.

9 Miguélez, *La lucha de los mineros* . . ., S. 105-119.

10 Amnesty International, *Political Imprisonment in Spain*, London, August 1973.

11 Salvador Giner, »Power, Freedom, and Social Change in the Spanish University, 1939-1975«, in Paul Preston, *Spain in Crisis*.

12 *The New York Times*, 25. und 26. Februar, 4. September 1965; *Die Welt*, 6. März 1965 (Interview mit Aranguren); *Le Monde*, 25. August 1965 (Interview mit Tierno Galván).

13 Josep Benet, *Catalunya sota el règim franquista*, Blume, Barcelona 1978, und das Kapitel von Norman L. Jones bei Preston, *Spain in Crisis*.

14 John L. Hollyman, »Basque Revolutionary Separatism«, in Preston; Juan Aranzadi, »Euskadi, 1939-1979«, *Tempo de Historia*, No. 62, 1980.

15 *The New York Times*, 19-21. und 25. April 1963; Amandino Rodríguez Armada und José Antonio Novais, *Quién mató a Julián Grimau?*, Ed. 99, Madrid 1976. Rodríguez Armada war der Zivil-Verteidiger von Grimau und Novais der Spanien-Korrespondent von *Le Monde*.

16 Gonzalo Dueñas, *La ley de prensa de Manuel Fraga*, Ruedo Ibérico, Paris 1969.

17 Jesús Ynfante, *La prodigiosa aventura del Opus Dei*, Ruedo Ibérico, Paris 1970; *Cuadernos para el Diálogo*, número extraordinario, April 1968, über die Banken.

18 *Triunfo*, 19. April 1975; Jean Bécarud in *Le Monde Diplomatique*, Februar 1974.

19 Kepa Salaberri, *El proceso de Euskadi en Burgos*, Ruedo Ibérico Paris 1971; Gisèle Halimi, *Le procès de Burgos*, Gallimard, Paris 1971; Edouard de Blaye, *Franco, ou la monarchie sans roi*, Stock, Paris 1974, S. 239-246, 285-293.

20 Jesús Ynfante, *El ejército de Franco y de Juan Carlos*, Ruedo Ibérico, Paris 1976; das Kapitel von M. G. García bei Preston.

21 *Iglesia y sociedad en España*, Kapitel von Antonio Duato, F. Urbina, José Bigorda und José M. Totosaus.

22 Preston, *Spain in Crisis*, Kapitel über die Kirche von Norman Cooper.

23 *The New York Times*, 3., 5. und 7. März 1974.

Auswahlbibliographie

Die folgenden Arbeiten sind gekennzeichnet durch ihre umfassende und allgemeine Darstellung, klaren Aufbau und Erzählstil, Zuverlässigkeit und interessante Interpretationen.

Die Zeit vor dem Bürgerkrieg

Gerald Brenan, *The Spanish Labyrinth*, Cambridge University Press (Englisch), Ruedo Ibérico (Spanisch); viele Auflagen, einschließlich Taschenbuchausgaben.

Raymond Carr, *Spain, 1808-1939*, Clarendon Press, Oxford 1966; Ariel, Barcelona 1969.

Melchor Fernández Almagro, *Historia del reinado de Don Alfonso XIII*, Barcelona 1933; *Historia de España contemporánea.*

José María Jover Zamora, viele Artikel und Absätze behandeln die politische, Kultur- und Geistesgeschichte.

Jaume Vicens Vives und Jordi Nadal, *Historia económica de España*, Ed. Vicens Vives, viele Auflagen und englische Ausgabe der Princeton University Press.

Pierre Vilar, *Historie de l'Espagne*, Presses Universitaires, Paris 1947, mit Übersetzung und zahlreichen Auflagen in Spanisch und Englisch.

Der Bürgerkrieg

Pierre Broué und Emile Témime, *La révolution et la guerre d'Espagne*, Ed. de Minuit, Paris 1961, mit spanischer Ausgabe des Fondo de Cultura Económica und englischer Ausgabe des Massachusetts Institute of Technology Press. (Deutsche Ausgabe: *Revolution und Krieg in Spanien*, Suhrkamp Verlag Frankfurt/M. 1968.)

Gabriel Jackson, *The Spanish Republic and the Civil War*, Princeton University Press 1965, mit späteren Taschenbuchausgaben; spanische Ausgabe bei Editorial Crítica, Grijalbo, Barcelona [2]1976.

Carlos M. Rama, *La crisis española del siglo XX*, México D. F. 1960.

Hugh Thomas, *The Spanish Civil War*, 3. Auflage, Harper and Row (Englisch) und Grijalbo (Spanisch) 1978.

Julián Zugazagoitia, *Guerra y vicisitudes de los españoles*, Editorial Crítica, Barcelona 1977.

Die Franco-Ära

Rafael Abella, *Por el Imperio hacia Dios,* Planeta, Barcelona 1979.

Shlomó Ben-Amí, *La revolución desde arriba, España 1936-1979,* Riopedras, Barcelona 1980.

Edouard de Blaye, *Franco, ou la monarchie sans roi,* Stock, Paris 1974.

La cultura bajo el franquismo, Ed. de Bolsillo, Barcelona 1977 (Essays verschiedener Autoren).

Max Gallo, *Histoire de l'Espagne franquiste*, Robert Laffont, Paris 1969, auch in Spanisch und Englisch erhältlich.

Juan María Gómez Ortiz, *Historia de España,* Bd. VI, »El Franquismo«, Ed. Marín, Barcelona 1980.

J. W. D. Trythall, *Franco, a Biography*, Rupert Hart-Davis, London 1970, auch in Spanisch erhältlich.

Inhalt